AF294918

Ludwig M. Auer

Kommentare zu
Mensch und Demokratie

Ludwig M. Auer

Kommentare

zu

Mensch und Demokratie

Streitschrift für eine globale Sozial-Ethik

Erschienen im LIT-Verlag 2021

Kommentare zu Mensch und Demokratie

Zweite Auflage

Herstellung und Verlag: BoD – Books on Demand, Norderstedt

ISBN 9783756838837

Diese Kommentare dienen als Ergänzung zum Text des Bandes
„Mensch und Demokratie. Streitschrift für eine globale Sozial-Ethik.
Dort sind die Hinweise auf diese Kommentare als Literaturhinweise
vermerkt und mit einer Laufnummer versehen, z.B.[E21]

Inhalt

E1 Erziehung bei Aristoteles 1
E2 Demokratie - und die USA 2
E3 Wahl und Abwahl von Politikern: Chance oder Gefahr für Demokratie?.... 4
E4 Wer sind die Hauptschuldigen an der Umweltkrise? 5
E5 John Locke's „state of nature" 9
E6 Rousseau's Sozialkontrakt 12
E7 Die Sozialwahl-Theorie und ihre Risiken 14
E8 Brennan's politischer Philosophie im Lichte der Human-Ethologie 16
E9 Hirnfunktion, Verhalten - und Politik 20
E10 Canetti, Masse, Macht und Paranoia 26
E11 Individuum, Gesellschaft und Kultur bei Sigmund Freud 30
E12 Ur-Vertrauen und soziale Bindungen 35
E13 Zur politischen Philosophie der Gleichheit 37
E14 Von der ökonomischen Theorie zu Liberalismus und Neo-Pluralismus.. 39
E15 Kants kategorischer Imperativ 43
E16 Herbert Marcuse, die Demokratie und ihr sado-masochist. Syndrom 46
E17 Die westlichen Demokratien – und China 48
E18 Papst Franziskus' Kampf gegen das technokratische Paradigma 53
E19 Repräsentative Demokratie, die Quadratur des Kreises 55
E20 Migration und Rechtsstaatlichkeit 56
E21 Pressefreiheit und Manipulation in der liberalen Demokratie 58
E22 Kritik der Sozial-Epistemologie 61
E23 Kritik der deliberativen Demokratie 69
E24 Das Ende der alten Welt 70
E25 Der ideale Staat? 73
E26 Poppers „Offene Gesellschaft 76
E27 Fluch aus dem Hades 79
E28 Leidenschaft und Erbsünde bei Konrad Lorenz 82
E29 Gleichheit, Menschenwürde und -rechte bei Jürgen Habermas 85
E30 Negative und positive Freiheit 87
E31 Herkömmliche vs. Neue Subsidiarität 89
E32 „Economic survival of the fittest": Von Moral und Wirtschaftsmacht 91
E33 Über die moralische Verpflichtung zur, und den Glauben an, Erziehung 94
E34 Erziehung und Gesellschaft – Demokratie auf dem Weg zu sich selbst .. 97
E35 Volks-Epistokratie 100
E36 Übereinkunft: Die Antithese zum Diktat der Mehrheit 102
E37 Aggression und Macht 104

Sachregister 107

Die Inhalte der Erziehung zum Bürger sind in der „Nikomachischen Ethik" von Aristoteles verankert. Er unterscheidet dabei Belehrung (Wissensvermittlung als verstandesmäßige Tugenden) von der Einführung in die ethischen Tugenden durch Gewöhnung und Sozialisation. Damit zielt er auf eine Formung der menschlichen Charaktereigenschaften. Als Basis für seine Ethik wählte er dabei das Mittelmaß zwischen extremen Ausprägungen wie z.B. Gerechtigkeit als Mitte zwischen Unrechtleiden und Unrechttun, Besonnenheit als Mitte zwischen Tollkühnheit und Feigheit.[1] Dabei reicht es nicht, festzustellen, dass der Mensch ein *„sprach- und vernunftbegabtes Lebewesen, sowie ... ein politisches Lebewesen [ist], das seinen Sinn und Zweck ... nicht in sich selbst, sondern nur in der Interaktion und Kooperation mit seinesgleichen finden kann ...".*[2] Wenngleich die Erkenntnis an sich essentiell für eine gelingende Gemeinschaftlichkeit ist, so kann es auch nicht ausreichen, den Lebenssinn zu definieren als ein *„im kollektiven Handeln, in der Gemeinschaft, der Kommunikation und Interaktion mit anderen, die ... ihren Zweck in sich selbst trägt ...".* Denn Gemeinschaftlichkeit ist nicht einfach ein Drang des vernunftbegabten Wesens mit dem Ziel eines *„sinnerfüllten Lebens"*, sondern ein a priori für die Menschwerdung,[3] die untrennbar mit dem Spracherwerb und verbalem Denken verbunden ist.

Das Problem mit diesem Vorschlag des Aristoteles besteht aber vor allem in dem alles entscheidenden Henne-Ei-Problem: Aristoteles spricht zwar auch von der *„Verwirklichung und Anwendung der Tugend, die durch „die Natur, die Gewöhnung und die Vernunft [bedingt sei]. Zwar sind einzelne zur Tüchtigkeit erforderliche Charaktereigenschaften durch die Erbanlagen festgelegt, doch müssen die meisten erst durch Sozialisation und Lernprozesse aktiv erworben werden. Ihrer Entfaltung hat die Erziehung in der Polis zu dienen".*[4] Für eine erfolgreiche „Gewöhnung und Sozialisation" muss aber zuerst eine solche imitations- und eingewöhnungswürdige Gesellschaft nach Aristoteles' Vorstellung existieren, in die ein Nachkomme hineinwachsen kann. Wenn Erziehung dazu dienen soll, das Sozialverhalten zu bessern, hat die jeweilige Gesellschaft ein Problem. Außerdem wird man, betreffend die Inhalte der Erziehung nicht umhinkommen, zuerst zu definieren, welche der typischen Eigenschaften der Natur des Menschen asozial sind, also dem Erziehungsziel der Sozialisation – und auch dem eigentlichen Wunsch und Drang der zu Erziehenden zum Zusammenleben – zuwiderlaufen. Erst dann ist man in der Lage, Gewöhnung und Vernunft entsprechend zu beeinflussen, um asoziales Verhalten durch Erziehung erfolgreich verhindern zu können. Für diese Erziehung wird es auch nicht reichen, einen sozial-kompatiblen „Soll-Menschen" durch Zwang und Drill zu erzeugen. Vielmehr wird man sich um die Einsicht des Menschen in seine asozialen Tendenzen bemühen müssen, um zu erreichen, dass er sich seinerseits tatsächlich um deren Selbstkontrolle bemühen *will*. (Als einleuchtende Begründung schlage ich

---

[1] K. Roth, Aristoteles, in P. Massing, G. Breit, H. Buchstein Hrsg., Demokratie-Theorien, Wochenschau Verlag 2017, S. 48.

[2] Aristoteles, Politik I, 1253a2f und III, 1278b19ff, zit. bei K. Roth, Aristoteles, in P. Massing, G. Breit, H. Buchstein Hrsg., Demokratie-Theorien, Wochenschau Verlag 2017, S. 48.

[3] L.M. Auer, https://ereigniszeit.com/2017/10/26/die-menschwerdung/

[4] ebd.

in Kapitel 3 vor, bei der Beurteilung des reziproken Altruismus als moralischem Prinzip durchaus das opportunistische Element darin hervorzuheben. Als entsprechende Methoden zur Selbstkontrolle schlage ich dort „Neu-Orientieren" bzw. „Ausmanövrieren" vor). Zwar spricht auch Aristoteles in der „Nikomachischen Ethik" von „Tausch-Gerechtigkeit",[5] also einer Form von „miteinander-Auskommen" auf reziproker Basis, jedoch nicht von jener Ethik, die später in ähnlicher Form als „Reziprozität" und „reziproker Altruismus" eingeführt wurde.

Das Henne-Ei-Problem bleibt jedoch für jegliche Versuche ungelöst, bei denen innerhalb kurzer Zeit die Umgestaltung der Gesellschaft angestrebt wird: an dieser Stelle erkennt Aristoteles einerseits den einzigen funktionierenden Erziehungsweg, der diktiert, dass auch nach einer Belehrung und Einsicht eine Phase der Gewöhnung und Sozialisation folgen muss. Gleichzeitig beschreibt er damit das notwendige Versagen solcher Erziehung in eine bessere Gesellschaft: der junge Mensch wird belehrt, wie er sein und werden sollte, damit eine Gemeinschaft besser funktioniere; dann aber gewöhnt er sich an die alten, bestehenden Verhaltensgewohnheiten seiner Vorgeneration – nichts ändert sich als Folge der „kulturellen Erbsünde" (siehe E28).

E2   Demokratie - und die USA

Die Demokratie der USA war – und ist bis heute - eine Timokratie. Jahrzehntelang der Weltpolizist für Frieden und Freiheit, wird der Super-Staat auch heute nicht als eine vollwertige Demokratie angesehen.[6]: schon anfangs hatten nur Männer von Ansehen und Besitz das Wahlrecht; heute werden großteils nur Millionäre zu Repräsentanten des Volkes.[7] Die Unabhängigkeit der USA vom Mutterland Großbritannien begann als Republik unter Ausschluss des eigenen Volkes. Die Gründerväter gingen *"vom vollkommenen Ausschluss der Bevölkerung in ihrer Funktion als Gemeinschaft von jeglicher Teilnahme [an der Regierung] "aus.* [8] "Wie Alexander Hamilton und James Madison in Federalist No. 63 klar ausdrückten, sollte die amerikanische Republik im wesentlichen – so ihre besondere Betonung – 'vom vollkommenen Ausschluss der Bevölkerung in ihrer Funktion als Gemeinschaft von jeglicher Teilnahme [an der Regierung] [gekennzeichnet sein]' ".*9*

Die Meinung der frühen Politiker der USA von Demokratie war nicht hoch: George Madison, Governor von Kentucky und Cousin von Präsident James Madison, nannte Demokratie " ... *die übelste Form von Regierung ... ebenso kurzlebig wie gewalttätig, wenn sie endet .*" [10] John Adams, der zweite Präsident der USA, meinte, dass "*Demo-*

---

[5] Aristoteles, Nikomachische Ethik V, 4, 1130a15ff, und Politik I, 1256b40ff, zit. bei K. Roth, Aristoteles, in P. Massing, G. Breit, H. Buchstein Hrsg., Demokratie-Theorien, Wochenschau Verlag 2017, S. 48.

[6] P. Horst et al., Die USA – eine scheiternde Demokratie?, Campus Verlag 2018

[7] A.C. Grayling, Democracy and its crisis, Oneworld 2017, S. 76.

[8] Zitat aus dem Federalist Paper Nr. 65, zit. von Y. Mounk, The People vs. Democracy. Why our freedom is in danger, and how to save it. Harvard Univ. Press 2018, S. 55.

[9] Y. Mounk, The People vs. Democracy. Why our freedom is in danger, and how to save it. Harvard Univ. Press 2018, S. 55.

[10] George Madison, ref. A.C. Grayling, Democracy and its crisis, Oneworld 2017, S. 80, zit.3

kratie nie lange besteht. Sie nutzt sich bald ab, erschöpft und vernichtet sich selbst".[11]*
Der vierte Präsident, James Madison, zog entschieden die Schaffung einer Republik vor und verabscheute die Demokratie.

In Artikel 10 der Federalist-Papers steht: *„Eine Republik, womit ich ein Regierungssystem meine, in dem das Konzept der Repräsentation verwirklicht ist, eröffnet ganz andere Perspektiven und bietet das Heilmittel, nach dem wir suchen … Die beiden entscheidenden Unterschiede zwischen einer Demokratie und einer Republik sind: erstens, die Delegierung der Herrschaftsgewalt an eine kleine Zahl von den Übrigen gewählter Bürger in letzterer, zweitens, eine größere Anzahl von Bürgern und ein größeres Territorium, auf das die Republik ausgedehnt werden kann".* [12] Eher unfreiwillig war *"Das Verfassungsmodell der Federalists [ ] demokratisch, weil es die Regierung frei, im Rahmen der berechtigten männlichen weißen Bevölkerung, nur zum Teil von Eigentums- oder Steuerqualifikation eingeschränkter Wahlbevölkerung bestimmen ließ und den Regierungswechsel, erstmalig 1800/01 im Übergang von den Federalists zu den Jeffersonian Republicans, in einem friedlichen, konstitutionellen Rahmen ermöglichte. Das war … zugleich auch … der Beginn der Parteiendemokratie".[13]* So sehr die Entwicklung letztlich demokratisch gewesen sein mag, so sehr war sie gleichzeitig der Beginn von Polarisierung und damit a priori autodestruktiv.

Madison attackierte die biologische Gegebenheit unvermeidlicher Clanbildung in jeder Gesellschaft sehr direkt, nannte sie „factions" und sprach von ihnen als etwas nachgerade kriminellem, jedenfalls asozialem, mit den Worten *"Unter einer „faction" verstehe ich eine Gruppe von Bürgern, … die durch gemeinsamen Impuls und Leidenschaft vereint und angetrieben, sich gegen die Rechte anderer Bürger oder gar auf Dauer gegen die Interessen der Gemeinschaft stellen".*[14] Madison erkannte, dass "faction", also die Bildung von Clans und Gangs, zu den essentiellen Vorgängen im Leben zählen, bereits im Tierreich, und stellt fest, dass *„die latenten Ursachen der „factions" in die Natur des Menschen eingewoben [sind]".*[15] Er erkennt auch, dass *„menschliche Vernunft anfällig"* ist im Sinne von Verhaltensmustern wie „common sense" und „unbelehrbaren Lehrmeistern".[16] In Madison's Worten ist eine Republik, die er anstatt einer Demokratie vorschlägt, *"eine politische Ordnung, in welcher die Regierung an eine kleine Gruppe von Bürgern delegiert wird, die vom Rest der Bevölkerung gewählt werden".*[17] In diesem Sinn sind alle unsere heutigen Demokratien Republiken, für die "repräsentativ" nichts anderes bedeutet als die Regierung an die Führung einer politischen Partei oder Koalition zu übertragen. Demgegenüber suchten die Anti-Federalists zu verhindern, dass die Souveränität der einzelnen Republiken an einen neuen Super-Staat verlorenging und die Macht in der Zentrale von einer neuen Clique von Repräsentanten übernommen würde, die dort ihre

---

[11] A.C. Grayling, Democracy and its crisis, Oneworld 2017, S. 80, zit.4.

[12] Alexander Hamilton, James Madison, John Jay, Die Federalist-Artikel, Art. 10, zit. von D. Jörke, in P. Massing, G. Breit, H. Buchstein Hrsg., Demokratie-Theorien, Wochenschau Verlag 2017, S. 143.

[13] H. Vorländer, Demokratie, Verlag Beck 2010 (2003), S. 66f.

[14] A.C. Grayling, Democracy and its crisis, Oneworld 2017, S. 83.

[15] ebd, S. 84.

[16] L.M. Auer, Mensch und Demokratie. Streitschrift für eine globale Sozial-Ethik, LIT-Verlag 2021, S. 70ff.

[17] A.C. Grayling, Democracy and its crisis, Oneworld 2017, S. 86.

Repräsentierten vergessen – ähnlich wie die heutigen EU-Mitgliedsstaaten. Letztlich blieben die Anti-Federalists mit ihrer rückwärtsgewandten Vorstellung von kleinen, homogenen Gemeinschaften nach klassischem Vorbild unterlegen; die Federalists setzten sich mit ihrem pragmatischeren Vorschlag durch, mit dem man auf alte Tugenden verzichtete und auf die ordnende Kraft von Gesetzen baute: *„Denn dort kann sich der Bürgerstatus auf die periodische Stimmabgabe oder auch auf simples Desinteresse beschränken".*[18]

Grayling [19] meint, dass die Verfassung der USA eher *"republikanisch"* als *"demokratisch"* sei, indem sie aus einer Mischung von *"gewählten, indirekt gewählten und ernannten Körperschaften [besteht], die untereinander "die öffentlichen Ansichten verfeinern"* und dadurch zwei Präsidentschaften später die *"Demokratie Jefferson's (Jeffersonian democracy)" von der populistischeren „Demokratie Jackson's ("Jacksonian democracy)" abgrenzen"** würden. Letztlich fasst er zusammen mit der Frage *"ob diese Lösung des Dilemmas in dieser Form vertretbar ist - des Dilemmas, inwieweit die Zustimmung und Autorisierung durch die Wählerschaft als tatsächlich gegeben angenommen werden kann in einem System, dessen Strukturen sie pasteurisieren würden (einige würden es kastrieren nennen)".** [20]

E3 Wahl und Abwahl von Politikern: Chance oder Gefahr für die Demokratie?

Christiano [21] weist auf die Gefahren hin, sich in unkritischer Überzeugtheit und träger Selbstzufriedenheit treiben zu lassen, ohnehin „Demokratie zu haben", wenn er *"... Schumpeters Ansicht* [zitiert, der zufolge] *die Bürger zur Vermeidung eines größeren Desasters eine Rolle zu spielen haben. Wenn Politiker in einer für jedermann erkennbar problematischen Weise handeln, können die Bürger sich dagegen auflehnen. Damit schützt die Demokratie auch in ihrer reduzierten Version die Bürger vor den schlimmsten Politikern".* Das Argument entspricht jenem von Karl Popper [22] und William Riker,[23] wonach man Regierungen durch Abwahl wieder loswerden könne. Eben diese theoretische Ansicht ist in unseren Tagen durch rezente Erfahrungen zunichte gemacht: die Wahl eines Kandidaten führt eher zur Polarisierung in einem Land, als dass das gesamte Volk sich gemeinsam gegen eine falsche Wahl stellen würde, weil eben ein Teil der Bevölkerung diesen Politiker befürworten kann. Überdies nützt die Abwahl-Option in vielen Fällen nicht gegen unerwünschte Politiker-Entscheidungen: denn ehe das Volk erfolgreich reagieren kann, ist einerseits die Entscheidung längst umgesetzt, und andererseits kann ein politischer Führer nachfolgen, der zwar die Entscheidung des Vorgängers rückgängig macht, aber erneut unerwünscht entscheidet.

Da die Bürger einen Diktator demokratisch wählen können – aus der Geschichte kennen wir hierzu Beispiele und den Ausgang der Episoden - fragt sich, ob Schum-

---

[18] D. Jörke, Anti-Federalists, in P. Massing, G. Breit, H. Buchstein Hrsg., Demokratie-Theorien, Wochenschau Verlag 2017, S. 153.

[19] A.C. Grayling, Democracy and its crisis, Oneworld 2017, S. 81.

[20] ebd, S. 83.

[21] Tom Christiano, Democracy, The Stanford Encyclopedia of Philosophy, REF. 82.

[22] Karl Popper, Essay Zur Theorie der Demokratie. Der Spiegel 32/1987. 03.08.1987.

[23] H. Buchstein, Anthony Downs, in P. Massing, G. Breit, H. Buchstein Hrsg., Demokratie-Theorien, Wochenschau Verlag 2017, S. 234.

peter tatsächlich das Risiko eingehen wollte, dass eine Demokratie derartige Erfahrungen wiederholte; Popper warnt an diesem Punkt sogar vor einem wohlmeinenden Diktator: *"Eine der Schwierigkeiten, mit denen ein wohlmeinender Diktator konfrontiert ist, besteht darin, herauszufinden, ob seine guten Absichten auch mit den Erfolgen übereinstimmen (wie dies schon de Tocqueville vor über einhundert Jahren klar gesehen hat). Die Schwierigkeit erwächst aus der Tatsache, dass autoritäre Führung Kritik unterdrückt; daher wird der wohlwollende Diktator nur schwer von Beschwerden hören …".*[24] Aus der Sicht tatsächlicher Gegebenheiten ist das Problem eher, ob diese guten Absichten – wessen auch immer, des Monarchen, Diktators oder der Demokraten – mit der verfügbaren Evidenz übereinstimmen, um das bestmögliche Ergebnis zu erzielen. „Gute Absichten" sind nicht gut genug, solange sie nicht der kritischen Evidenzanalyse unterzogen wurden und standhalten. Das zweite Problem ist, dass Kritik von Gruppen der Bevölkerung kommen könnte, die keine guten Absichten haben oder nur einen Teil der gesamten Interessen repräsentieren. Man wird an dieser Stelle an die Lage von Kaiser Karl V. im 16. Jahrhundert erinnert, als er die Fürsten des Reiches von der dringenden Notwendigkeit zu überzeugen versuchte, den Südosten vor der Aggression des Osmanischen Reiches zu schützen: sie aber sahen lediglich ihre momentanen regionalen Interessen und waren an gemeinsamen militärischen Aktionen nicht interessiert.

Und es gibt noch einen dritten Aspekt: heute kehrt sich die Situation um, weil regionalistische oder Interessengruppen-basierte Kritik und Unzufriedenheit aus dem Volk ehrliches politisches Bemühen in der demokratischen Politik lähmen. Kritik wird zu Konfrontation zwischen den Parteien, die schließlich in einem kalten Krieg [25] zum politischen Stillstand führt. Aus Angst vor Abwahl tritt lähmende Inaktivität der Politiker ein, oder hohler Aktivismus.

E4 Wer sind die Hauptschuldigen an der Umweltkrise –
die Politik, die Zivilgesellschaft oder die Ökolokraten?

Während ich in „Mensch und Demokratie" den Mangel an Erziehung als eine der Hauptursachen des Versagens von Demokratie als langfristig stabilem politischem System skizziere, entwickelt sich die Umweltkrise als eine ihrer entscheidenden Folgen: gleich ob man sie als „a priori-Fehler" oder „Fehler im Webeplan" demokratischer Ideologie bezeichnet, die Väter der Demokratie haben sie mit ihren eigentlichen Zielen wie eine Krankheit mit eingeschleppt, mit ihren staatlichen Institutionen konnten sie diese Folgen nicht vermeiden. Im Gegenteil.

Diese modernen liberalen Demokratien sind damit von vornherein - und bleiben ohne Wandel – außerstande, die selbstvernichtenden Prozesse erfolgreich einzudämmen, geschweige denn, die anderen Kulturkreise der Welt von den überlegenen Qualitäten der Demokratie zu überzeugen: ihre Bürger, die gerademal an die 20 Prozent der Weltbevölkerung ausmachen, sind die Hauptverursacher einer außer Kontrolle geratenen Umweltverseuchung. Das Bekenntnis zum Liberalismus erzwang nachgerade die freie kapitalistische Ausbeutung der Umwelt zu Hause und in den

[24] K. Popper, The Open Society and its Enemies, Routledge 2011 (1945), S. 149.
[25] L.M. Auer, Mensch und Demokratie. LIT-Verlag 2021, S. 175ff.

früheren Kolonien, rücksichtslos gegen die Tier- und Pflanzenwelt, und damit gegen sich selbst.

Zum größten pharisäischen Selbstbetrug der westlich orientierten demokratischen Welt zählt, dass sie China – und für viele chemische Erzeugnisse auch Indien - zur Produktionsstätte ihrer Güter werden lässt, diese Länder jedoch gleichzeitig auf populistische Weise dafür verantwortlich macht, zu den Ländern mit der größten Schadstoffemission geworden zu sein, allen voran China. Diese Darstellung ist nämlich in zweifacher Hinsicht irreführend: denn die Berechnung der Schadstoffemission pro Kopf, also von jedem von uns Bürgern in den Ländern der Welt, ergibt ein vollkommen anderes Bild: Lässt man die pro-Kopf-Hauptverbraucher weltweit, die arabischen Staaten, beiseite, dann führen Kanada, USA und Australien die Rangliste der größten Umweltsünder an; mit einigem Abstand folgen Südkorea, Japan und Deutschland. Diese Feststellung genügt jedoch bei weitem noch nicht, denn es kommt noch deutlich schlimmer: ein perfider Betrug und Selbstbetrug kommt zutage, wenn man bei der Berechnung ein Verbraucherprinzip einführt, indem man die chinesischen Schadstoffemissionen jenen Ländern zurechnet, die chinesische Produkte importieren. China, mit etwa 30% Anteil an der globalen Umweltverpestung der größte Luftverschmutzer (gefolgt von USA, Indien, Russland, Japan und Deutschland), steht jedoch mit seiner pro-Kopf Emission weltweit an 40. Stelle, also weit hinter allen westlichen Demokratien, den Käufern.[26, 27] Für eine tatsächlich faire Gegenüberstellung müsste also diese pro-Kopf Berechnung der Umweltbelastung durch die Industrie im eigenen Land auch noch gegen die Exporte und Importe aufgerechnet werden. Mit großem Abstand „Importweltmeister" sind die USA, gefolgt von Großbritannien, Indien und Japan.[28] Berechnet man nun die pro-Kopf Umweltverschmutzung nach dem Prinzip des tatsächlichen Konsums – einschließlich jener Güter, die ein Land in einem anderen Land produzieren ließ, sowie auch abzüglich jener, die ein Land produzierte und exportierte – dann stehen unter den großen Ländern der Welt die USA einsam an der Spitze mit 28 Tonnen CO2-Ausstoß pro Bürger und Jahr, Deutschland bei 18, Russland bei 14, China bei 8 und Indien bei 3; die EU-Staaten verursachen tatsächlich etwa 30% mehr Umweltverschmutzung als die internen Zahlen der einzelnen Länder bisher auswiesen (Daten aus 2011).[31, 32] Nähme man lediglich die Handelsbilanz als isolierte Basis für diese Form der Konsumenten-orientierten Aufrechnung nach dem Verursacherprinzip, dann stünde statt den USA Großbritannien mit seiner weltgrößten negativen pro-Kopf Handelsbilanz von minus 3015 US$ an der Spitze der Länder der Welt, gefolgt von USA mit minus 2623 und Frankreich mit minus 1384 US$.[29] Richtig ist zwar auch, dass diesem Zustand die positiven Bilanzen von Deutschland mit

---

[26] J. Merlot, Wer ist Klimasünder Nummer eins? Spiegel online, 13.12.2018
    https://www.spiegel.de/wissenschaft/mensch/klimakonferenz-in-katowice-wer-ist-klimasuender-nummer-eins-a-1241962.html, abgefragt am 02.05.2019
[27] UN-Millenium Development Goals Indicators, http://mdgs.un.org/unsd/mdg/
    SeriesDetail.aspx?srid=751&crid=, abgefragt am 02.05.2019
[28] https://de.statista.com/statistik/daten/studie/242564/umfrage/laender-mit-dem-groessten-handelsbilanzdefizit/, abgefragt am 03.05.2019
[29] https://de.statista.com/statistik/daten/studie/242564/umfrage/laender-mit-dem-groessten-handelsbilanzdefizit/, abgefragt am 03. 05. 2019.

+3600 US$, von Südkorea mit +1700 und von Japan mit +1400 pro Bürger und Jahr entgegenstehen;[30] entscheidend ist jedoch, dass China mit einer pro-Kopf Bilanz von +117 $ zu Buche steht und Indien mit minus 114 $. In jedem Fall bleiben demnach bei fairer Betrachtung die westlichen Länder als Hauptverbraucher die Hauptverursacher der zunehmend bedrohlichen Umweltverpestung. Westliche Medien zeigen hingegen vordergründig die Umweltsünden von Entwicklungs- und Schwellenländern. Erste zaghafte Hinweise sind zu hören auf das, was in Wirklichkeit die dringendste Hauptmeldung unserer Tage sein sollte: die Bürger der westlichen Industrieländer müssen sich einschränken; die Energiewende muss in den westlichen Demokratien beginnen; der Trick mit dem Auslagern Umweltverschmutzender Industrie fällt auf sie, die Verursacher, zurück, als Umweltkrise, die zur Katastrophe zu werden droht.

Das dampfend-gleißende Licht unter der gläsernen Glocke der Zivilisation überstrahlt den Blick auf die Umgebung, ihre Herkunft, ihre Mutter, die Natur. Im Halbdunkel draußen häufen sich die Müllberge erstickend über Land und Meer. Wie durch eine Schallmauer getrennt, gestikulieren und brüllen Aktivisten, bewegt Greta Thunberg kaum erkennbar ihre Lippen; nur ihre Transparente bleiben lange genug auf den Bildschirmen für die Wenigen unter den zappenden Zombies, die besorgt innehalten. Schon drängen die nächsten Bilder von Sehnsucht-lockender Werbung und erregendem Infotainment nach, überrollt der ohrenbetäubende Alltagslärm der Sachzwang-getriebenen Wahnsinnigen die stille Wirklichkeit vor dem Sturm. Wenn der dann die Glaswand zertrümmert und wegfegt, steht der Mensch in seiner Wüste.

Greta Thunberg und die Politik

Es gibt keine beunruhigendere Dokumentation der Demaskierung politischer Macht in der westlichen Welt, als die Gruppenphotos mit Greta Thunberg, dem schwedischen Teenager, Photos, aufgenommen, während das eben dem Kindesalter entwachsende Mädchen den Politikern in einfachen Worten deren Untätigkeit, Mutlosigkeit und Schwäche vorhält. Da werden Politiker und andere Prominente vorgeführt, so, als wären sie derart herabgekommen, dass sie sich keiner Gelegenheit zu entziehen vermögen, dort öffentlich mit aufzutreten, wo alle Welt soeben neugierig hinschaut, nur um eben gesehen zu werden. Platon beschrieb diese Szene vor 2500 Jahren.[A24] Es gibt kein signifikanteres Phänomen der Gegenwart als die Aktionen von Kindern und Jugendlichen, die gefilmt und kommentiert werden, während die verantwortlichen Erwachsenen die Umweltverpestung unvermindert weiter betreiben, gerade so, als redeten ihre Kinder von einem anderen Planeten aus einem Kindermärchen. Wenige bemerken, dass erst diese Bewegung von Kindern und Jugendlichen eine breite öffentliche Aufmerksamkeit zum Thema Umweltkrise bewirkt; niemand hat bisher den Grund für diesen Erfolg erklärt. Man ist zu befangen, zu betreten, ihn einzugestehen: sie haben nichts zu verlieren außer ihrer Zukunft, diese Nachkommen – alle betretenen Zuschauer hingegen haben einen Grund dafür,

---

30 https://www.indexmundi.com/g/r.aspx?v=145&l=de, abgefragt am 03. 05. 2019
31 K.W. Steininger et al., Austria's consumption-based greenhouse gas emissions: Identifying sectoral sources and destinations, in: Global Environmental Change 48, 2018, S. 226-242.
32 K.W. Steininger et al., Multiple carbon accounting to support just and effective climate policies. In: Nature Climate Change 6, 2016, S. 35-41. doi:10.1038/nclimate2867.

warum sie bisher geschwiegen haben und weiter schweigen, weitermachen: die
Einen, weil sie (aus Sachzwängen) (gerne) viel fliegen (müssen), die Anderen, weil
sie sich keine beruflichen Aussichten verbauen wollen (man denke nur an Politiker,
die schon lange den Mut hätten aufbringen sollen, unpopuläre Maßnahmen zum
Umweltschutz durchzusetzen, oder an Ökonomen und Politologen, die nicht auf-
hörten, die pharisäische Unaufrichtigkeit ihrer Politiker zu kritisieren, weil sie die
Konsum-basierte Berechnung der pro-Kopf CO_2-Bilanz konsequent unter dem
Teppich halten – die Mehrzahl der Nutznießer des derzeitigen Wohlstandes versteckt sich gerne hinter ihrer politischen Repräsentanz, die den Aufruf zu ihrem
Programm machen, diesen Wohlstand auf Kosten von Umwelt und Dritter Welt
aufrechtzuerhalten (siehe Anm.[A212]). Wieder Andere möchten nicht darauf verzichten, trotzdem hin und wieder mal so richtig Gas geben zu können, oder wenigstens, sich angesichts all dessen, was da angeblich so alles an Unwetter und sonstiger
Aggression auf uns zugerollt kommt, sich schon jetzt wie in einem Panzerfahrzeug
geschützt zu fühlen. Werden die Kinder dieser Zuschauer sich demnächst weigern,
von ihren Eltern per "SUV" in die Schule gefahren zu werden?

Ökolokraten: die Manager der Umweltkatastrophe

Diese Manager sind Angestellte globaler Industrien, die ihrerseits Politiker zur Infor-
mationsweitergabe instrumentalisieren. Diese Information muss ein klein wenig
davon beinhalten, das wie Aufrichtigkeit wirkt, mit Slogans wie: in der Tat bewegen
wir uns nahe an einer Umweltkatastrophe, aber die Situation ist kontrollierbar, und
zwar auf folgende Weise: ihr Leute, das Volk, die Kunden, ihr seid für die Umweltverschmutzung verantwortlich, beispielsweise den Plastikteppich auf den Ozeanen
– es ist also nicht nur nicht die Industrie, die tatsächlich für die Verbreitung von
jährlich Millionen Tonnen von Plastik verantwortlich wäre, die Industrie darf in
diesem Zusammenhang sogar nicht einmal genannt werden, sie ist vielmehr zu
schützen und aus der Debatte herauszuhalten. Dies gilt in gleicher Weise für den
Abfall aus der Chemischen Industrie, für Atommüll, für den CO_2 Ausstoß von allen
möglichen weiteren Produktionsstätten der Industrie und sonstigen Aktivitäten
(Luftfahrt ist hier ein Hauptsünder). Die Politik managed die ökologische Krise, trotz
ihrer Geiselhaft in der Industrie – oder nicht?
Selbstverständlich nicht. Von der Industrie sanft bedroht mit dem Argument der Job-
Sicherheit kann sie umso leichter einer Meinung mit ihren Wählern sein, dass harte
Maßnahmen zum Schutz der Biosphäre – der Grundlage für unser Überleben - nicht
zumutbar wären: nicht zumutbar für die Bürger, denn sie, damit sind wir gemeint,
müssten ja ihre Lebensgewohnheiten ändern. Auch nicht für die Politiker, denn sie
würden ihre Positionen riskieren, wenn sie unpopuläre Maßnahmen ankündigten.
Vor allem darf man nicht vergessen, dass sich solche Maßnahmen schon allein
deshalb nicht durchsetzten, weil solche mutigen Politiker kurzfristig durch andere,
„vernünftige", ersetzt würden.
Politiker treffen sich auf Großkongressen, um dort Maßnahmen zuzustimmen (z.B.
Agenda 2030, Pariser Klima-Abkommen), an die sich dann niemand in dem dringend
erforderlichen Umfang hält. Als Marionetten der Wirtschaft spielen die liberal-
demokratischen Politiker das Spiel der rationalen Irrationalität bis zum bitteren
Ende, weil irgendein surrealer Sachzwang zu diktieren scheint, dass es sich hierbei
um die einzige realistische Lösung handle – eine ähnlich wahnsinnige Wirklichkeit

erlebte meine Generation im Kalten Krieg mit der von Demokraten mitbezahlten Schaffung eines x-fachen atomaren Overkills. Als typisches Beispiel für die Gegenwart dient wieder der Plastikmüll: an die 9 Milliarden Tonnen davon sind mittlerweile über den Erdball verteilt, weitere 800 Millionen Tonnen kommen jedes Jahr dazu; aber effektive Maßnahmen seitens der Politik sind nicht sichtbar – stumm und erwartungsvoll, aber machtlos, blickt sie auf die Industrie. Dort wird wieder mit Ökolokratie geantwortet: mit Zahlen, die beweisen sollen, dass die Situation jährlich besser werde. Die Zivilluftfahrt ist hierfür ein Beispiel: die Verbesserung der Umweltfreundlichkeit von Triebwerken wurde regelmäßig überholt von der Zunahme von Flugzeugen und Passagierzahlen;[33] milliardenschwere Finanzhilfen für die Luftfahrtindustrie aus Steuergeldern zeigen, dass man nicht gewillt ist, die Corona-Krise als Fanal für eine Umkehr zu akzeptieren.

Zahllose weitere Beispiele weisen auf den Wahnsinn solcher politischer Hilflosigkeit. Anlässlich neuer Warnungen an der letzten globalen Konferenz betreffend die bedrohliche Zunahme von Plastikmüll in den Weltmeeren kamen prompt Versicherungen verschiedener Politiker über alle Medien-Kanäle zum Ergebnis, dass unverzüglich weitere Maßnahmen eingeleitet würden. Als einen der ersten Schritte kündigten sie an – man konnte seinen Ohren nicht trauen – dass man die Industrie auffordere, Alternativen für Wattestäbchen zu suchen.

In der Meinung von Papst Franziskus *„nimmt oft die wirkliche Lebensqualität der Menschen im Zusammenhang mit einem Wirtschaftswachstum ab, und zwar wegen der Zerstörung der Umwelt, wegen der niedrigen Qualität der eigenen Nahrungsmittel oder durch die Erschöpfung einiger Ressourcen. In diesem Rahmen pflegt sich die Rede vom nachhaltigen Wachstum in eine ablenkende und rechtfertigende Gegenrede zu verwandeln, die Werte der ökologischen Überlegung in Anspruch nimmt und in die Logik des Finanzwesens und der Technokratie eingliedert, und die soziale wie umweltbezogene Verantwortlichkeit der Unternehmen wird dann gewöhnlich auf eine Reihe von Aktionen zur Verbraucherforschung und Image-Pflege reduziert“.*[34, E18]

E5 John Locke's „state of nature" und „natural law"

John Locke's Konzept von "Naturgesetz" (natural law) konnte natürlich die evolutionären Aspekte von individuellem und Gruppenverhalten nicht berücksichtigen, wenn er *"argumentierte, dass die Menschen Grundrechte unabhängig von den Gesetzen irgendeiner Gesellschaft haben, wie das Recht auf Leben, Freiheit und Besitz. Locke benutzte seine Forderung nach naturgegebener Freiheit und Gleichheit als Rechtfertigung zum Verständnis einer legitimen politischen Regierung als Ergebnis eines Gesellschaftsvertrages".*[* 35]

Das tatsächliche Naturgesetz des frühen Menschen wird jedoch bestimmt von den in der Evolution entstandenen Eigenschaften und repräsentiert durch die Einbindung

---

[33] M.L. Anders, Fliegen ist sicher, aber … Die Zukunft der Flugsicherheit nach dem Germanwings-Absturz. BoD 2018, S. 139.

[34] http://www.vatican.va/content/francesco/de/encyclicals/documents/papa-francesco_20150524_enciclica-laudato-si.html#_ftnref88, §194, abgefragt am 15.5.2020

[35] A. Tuckness, Locke's Political Philosophy. The Stanford Encyclopedia of Philosophy, Spring 2016 edition, edt. E.N. Zalta. https://plato.stanford.edu/entries/locke-political/#LawNat

des Individuums in Sippe, Clan und die dazugehörigen Abhängigkeiten und genetisch bedingte Verhaltensautomatismen. Ein Recht im Sinne eines naturgegebenen Anspruchs existiert als Ergebnis dieser Evolution hingegen nicht. Nur das geistige Erwachen und Erkennen der tatsächlichen Gegebenheiten kann die Menschen zur Einsicht bewegen, dass sie zwecks Stabilisierung ihrer Sicherheit einen Sozialkontrakt abschließen und einander Rechte zusprechen bzw. Beschränkungen auferlegen, um asoziales Verhalten in gegenseitigem Einverständnis einzudämmen.

Mit „naturgegeben" kann auch bei Locke ohnehin nur ein moralisches Recht im Rahmen eines Sozialkontrakts gemeint sein, da ein Recht immer nur ein soziales Phänomen sein kann. Insofern besteht in dieser Argumentation eine gewisse Zirkularität, bzw. resultieren die Rechte aus dem Gesellschaftsvertrag und nicht umgekehrt. Dies zeigt sich entsprechend an Beispielen aus dem wirklichen Leben: im Kriegsfall gibt es kein Naturrecht auf Leben; desgleichen nicht angesichts von Verbrechen und Todesstrafe, noch auf Freiheit bei lebenslänglichem Gefängnis.

Leben ist also eine biologische Möglichkeit, kein Naturrecht. Desgleichen ist Freiheit kein Naturrecht, sondern das Ergebnis eines Erkenntnisprozesses: Freiheit entsteht, indem Menschen einander gleiche Würde, also Anspruch auf Respekt einräumen: „Freiheit" ist dieser von Allen mit gleichem Anspruch eingeräumte und beanspruchte Raum.

Es trifft in der Regel eben nicht zu dass *„die Menschen im Naturzustand schließlich überein[kommen], sich politisch zu organisieren und eine Regierung zu bilden"*. Stattdessen entsteht aus der in vormenschlicher Zeit entstandenen instinktiven hierarchischen Gesellschaftsordnung eine neue Ordnung zur Regelung und Beschränkung bewusst ausgelebten und ausgekosteten instinktiven Verhaltens. Insofern ist also Hobbes' Vorschlag der Realität eines sozialen Urzustandes näher, in dem *„Recht … erst … vom absoluten Herrscher geschaffen"* wird (beide Zit.[36]).

Locke's Standpunkt könnte man verstehen als Reaktion auf die Forderung nach Hierarchie als Ausdruck des Gotteswillens, weil aus der Anbindung an Religion der säkulare Machtmissbrauch gerechtfertigt wird. Tatsächlich gibt es außer „gesetzmäßig" ablaufenden körperlichen Automatismen nur das, was er als „positives Gesetz" – positive law - bezeichnet, nämlich den Gesellschaftsvertrag. Richtig ist, dass in der Evolution sozial gewachsene Gewohnheiten Naturgesetzcharakter annehmen und Locke's "state of nature", "natural law", zugeordnet werden könnten; sie betreffen jedoch insgesamt nur Verhalten, keine Rechte. Insgesamt geht aus solchen Gedanken jedoch der fundamentale Wandel hervor, der sich in den Köpfen dieser Vordenker wie Locke vollzieht: nämlich religiös fundiertes Glauben durch rationales Denken und Schlussfolgern zu ersetzen. Inkongruenzen in Texten dieser Zeit müssen teilweise auch auf Vorsicht und Überlebenswillen der Autoren zurückgeführt werden, die feststellen, dass die Naturbeobachtung und das rationale Denken zu anderen Ergebnissen führen kann, als dies der religiöse Glaube vorschreibt. Wer also leben will, muss wohl hin und wieder möglichst vage umschreiben anstatt klar zu beschreiben, um nicht der Inquisition anheimzufallen.

Auch die von Kant postulierte naturgegebene Moral – als a priori - gibt es nicht: Kant schrieb: *„Das Fundament der praktischen Vernunft und der ethischen Verpflichtung ist*

---

[36] A. Geisler, John Locke, in P. Massing, G. Breit, H. Buchstein Hrsg., Demokratie-Theorien, Wochenschau Verlag 2017, S. 108.

aber das Faktum der Vernunft und das moralische Gesetz „in mir".[37] Auch dieses Gesetz in mir ist lediglich das Ergebnis des evolutionären Prozesses, teilweise auch bereits der kulturellen Evolution. „Tötung" als Mord zu bezeichnen ist ein Beispiel: es gibt eine tief in der Evolution verwurzelte Tötungshemmung innerhalb einer Spezies, Kultur oder Sippe (s. hierzu auch [A331]); ebenso gibt es aber den legalisierten Mord als Ergebnis eines Sozialkontrakts, wie im Krieg, im Gesetz, unter Kannibalen, als religiös-rituelle Tötung. Einige Verhaltensweisen früher Völker stechen besonders hervor, wie die Grausamkeiten der mongolischen „Goldenen Horde", oder zeitgeschichtliche Greueltaten, die allesamt keinen Hinweis auf die Existenz eines moralischen a priori erkennen lassen. Die Tötungshemmung ist jedoch eine äußerst starke und tief verwurzelte Kraft - möglicherweise eine jener Kräfte, auf die sich Kant mit seinem vermeintlichen a priori beruft: Sigmund Freud bezieht sich in seinem Werk „Totem und Tabu" auf frühe völkerkundliche Forschung bei damals noch in vielen Regionen anzutreffenden Naturvölkern; er beschreibt Schuldgefühle bei Stammeskriegern nach Tötung von Feinden, und Riten, mit deren Hilfe sie vom Fluch aus dem Tabubruch befreit wurden, den sie durch die Überwindung ihrer Tötungshemmung begangen hatten.[38]

Gesetze sind Verhaltensregeln oder ihr Negativabdruck, die Verbote, nach denen wir zu leben haben. Was wir einander zubilligen ist unsere Freiheit, kein Naturgesetz. Locke's "state of nature" entspricht dem archaischen Sozialverhalten und der daraus resultierenden Sozialordnung. Dies bedeutet, dass auch wir heute mit unserem spontanen Sozialverhalten in diesem „Naturzustand" leben, während wir gleichzeitig – parallel – im Rechtsstaat leben, den Locke mit „positive law" benennt. Letzterer entspricht den Erwartungen an uns im Sinne unseres Status als „Soll-Mensch",[39, 40] bewacht vom Rechtsstaat. Ein Sozialkontrakt schränkt durch seine Regeln die individuelle Freiheit ein, als Moral bezeichnet. Dieser Vertrag baut aber bereits manches spontane Sozialverhalten als Regel mit ein. Diese Moral wird jedoch sodann von manchen Philosophen irrigerweise als „Naturgesetz" bezeichnet; irrigerweise deshalb, weil ja die Moral nur durch die Vertragsinhalte beschrieben, nicht jedoch durch ein Naturgesetz repräsentiert wird (es sei denn, man wollte einen in der Evolution entwickelten Verhaltensmechanismus als Naturgesetz bezeichnen). Die „naturgegebenen" Anteile sind eben nicht Moral, sondern evolutionsbasiertes Spontanverhalten. Der Vertrag bezeichnet manches Spontanverhalten als moralisch (z.B. Altruismus, Inzesthemmung oder Tötungshemmung), anderes hingegen als kriminell (z.B. Tötung); in einer dritten Kategorie wird situationsbedingt unterschieden (im Krieg ist Töten nicht kriminell, sondern Heldentum). Töten allgemein als Delikt zu bezeichnen wäre beispielsweise in einer Gesellschaft von Kannibalen unsinnig. Außer den evolutionär entwickelten Verhaltensweisen gibt es also kein "Natur-

---

[37] Immanuel Kant, Kritik der praktischen Vernunft, 1788, A 53, 56, in: Kant's gesammelte Schriften. Hg. von der Königlich Preußischen Akademie der Wissenschaften, Bd. V, Berlin 1908, S. 29, S. 31.) , zit. aus Dietmar von der Pfordten, Die Rechtsidee bei Kant, Hegel, Stammler, Radbruch und Kaufmann, S.6, http://www.rechtsphilosophie.uni-goettingen.de/Rechtsidee.pdf, abgerufen am 03/23/2018.
[38] S. Freud, Totem und Tabu, Kap.II/2, S. 642f, Gesammelte Werke, Anaconda Verlag 2014.
[39] J. Habermas, Glauben und Wissen. Suhrkamp 2001, S. 17f.
[40] L.M. Auer, Mensch und Demokratie. LIT-Verlag 2021, S. 142.

gesetz", kein a priori, wie es Kant sah. Nur sehr fundamentale Hirnfunktionen, entstanden in der Evolution, könnten als „naturgesetzlich" bezeichnet werden, ähnlich wie man in der Physik Naturgesetze beschreibt – wobei letztere tatsächlich ein a priori darstellen, ohne das die Welt nicht existieren könnte (ohne Zusammenhalt der Atome durch Kernkräfte und elektromagnetische Kraft sowie ohne Gravitation). Beschränkt man sich auf Sozialverhalten, dann kann man sagen, dass es nur „positive law" im Sinne Locke's gibt. Auch Gottesgesetze zählen in diese Kategorie, denn sie handeln von moralischem Verhalten, dessen Definition aus älteren Büchern, Traditionen oder Offenbarungen entnommen wird. Es besteht also Grund zur Annahme, dass einige Ungereimtheiten in Locke's Text auf seinem Bemühen beruhen, seinen eigenen Standpunkt zu verschleiern.

"Hobbes sah die Mitgliedschaft in einer Gemeinschaft als die einzige Garantie für individuelle Sicherheit an ... Die Sicherheit besteht nur in dieser "gemeinschaftlichen Macht", sagte Hobbes, und nannte sie 'Leviathan'. Seine Autorität entspringt aus der Übereinkunft aller Mitglieder der Gesellschaft, seine unbeschränkte Macht über sie anzuerkennen. ... Obwohl der Souverän über dem Gesetz steht und nicht anfechtbar ist, gibt es dabei dennoch eine Beschränkung ... sie besteht nämlich darin, die Sicherheit der Untertanen zu gewährleisten". *[41] Auch hier ist also die Macht des Souveräns nicht absolut, denn man könnte über die Bedeutung von „Sicherheit" debattieren, oder deren Gewährung könnte außerhalb der Macht des Souveräns stehen. Somit hängt die Macht letztlich von der Meinung und Laune des Volkes ab [42] – King Charles I. musste 1640 die Konsequenzen davon erleiden, so wie später auch Louis XVI. 1789, Zar Alexander II. im Jahr 1881 und 1918 Zar Nikolaus II..

E6 Rousseau's "Sozialkontrakt" von 1762

Der „Sozialkontrakt" ist ein theoretisches Konstrukt auf der Basis von Locke's Annahme, die Menschen seien frei und gleich geboren. Daran knüpft er seine eigene Forderung, dass Alle alles was sie sind und besitzen an die Gemeinschaft abgäben, damit sie einen Gemeinschaftskörper bilden, der ihnen sodann Freiheit und Gleichheit in entsprechendem Ausmaß zurückgibt – radikalere Ideen als Marx und Lenin sie jemals verfolgten. Dieses Idealkonstrukt berücksichtigt jedoch all jene evolutionsbedingten Verhaltensmuster nicht, die ein Hauptanliegen in Kapitel II von [43] sind. Rousseau bedenkt auch nicht, dass sich der Wechsel von einer primitiven Gesellschaft zu seiner Form von Bürgertum nicht innerhalb einer bestehenden Generation durch Befehl oder bewusste Entscheidung in jedem Einzelnen verwirklichen lässt: denn manche Einsichten und Verhaltensformen lassen sich nur durch die Erziehung im Kindesalter erreichen, andere sind als kulturelle Traditionen zu tief verwurzelt, als dass sie durch eine bewusste Entscheidung in einer ganzen Bevölkerung veränderbar wären. Dennoch zeugte das radikale Konzept von einem Volk, das sich durch gegenseitigen Respekt und Bezugnahme auf gemeinsame Interessen zu einem sozialen Körper entwickelt, zu seiner Zeit von erheblichem Mut, und hat bis heute in einigen Kernaussagen seine Bedeutung nicht verloren; dazu gehört die

---

[41] A.C. Grayling, Democracy and its crisis, Oneworld 2017, S. 55f.
[42] Elias Canetti, Crowds and Power (Masse und Macht, Claassen 1960)
[43] L.M. Auer, Mensch und Demokratie. LIT-Verlag 2021.

Festlegung der gemeinsamen Interessen als Fundament. Rousseau hatte „lediglich" keinen realistischen Vorschlag für die Umsetzung seiner Ideen im wirklichen Leben. Seine radikale Forderung birgt sogar Gefahren, denn Rousseau schrieb: *"Wer es wagt, die [politischen] Einrichtungen eines Volkes zu schaffen, muss sich sozusagen in der Lage fühlen, die menschliche Natur zu ändern, jedes einzelne Individuum umzuformen ... "* * Dabei geht er sogar noch einen Schritt weiter und fordert, *"... dem Menschen seine eigenen Resourcen wegzunehmen und ihm dafür neue zu geben, die ihm fremd sind ...".* * [44] Das Ansinnen, den Menschen von sich selbst zu entfremden, ist nachgerade abwegig und erinnert an Gehirnwäsche und Indoktrinierung. Auch wenn Rousseau letzteres wohl nicht wirklich im Sinn hatte, so wäre es dennoch wider die menschliche Natur, sich ganz und gar der Gesellschaft zu verschreiben, in vollem, unabgesichertem Vertrauen. Denn er fordert mit seinem Vorschlag, dass man *"... die Paragraphen, wenn man sie recht versteht, auf einen einzigen zusammenfassen kann – die totale Hingabe jedes Bürgers, mit all seinen Rechten, an die Gemeinschaft; denn wenn jeder sich voll und ganz gibt, sind die Bedingungen für alle die gleichen .... Jeder von uns gibt seine Person und all seine Macht (einschließlich seines Besitzes) an die Gemeinschaft ab, unter die Gesamtführung des Allgemeinen Willens, und in unserer Funktion als Teil dieses Ganzen erhält jedes Mitglied sich wieder als untrennbarer Teil des Ganzen".* Und weiter: *"... wer sich weigert, sich diesem Allgemeinen Willen zu fügen, wir von der Gesamtheit der Gemeinschaft dazu genötigt. Dies bedeutet nichts weniger als dass er zu seiner Freiheit gezwungen wird, denn dieser Umstand, dass jeder Bürger seinem Land gegeben ist, befreit ihn von jeglicher Abhängigkeit".* * [45]

Dieser Text drückt die Erwartung aus, dass jeder erwachsene Bürger diese Entscheidung bewusst trifft, ungeachtet der Frage, wieviel er von diesem Konzept verstanden hat. Er verrät damit die zutiefst theoretische Natur des Konstrukts für einen solchen Gesellschaftsvertrag, der dem Großteil aller menschlichen Instinkte zuwiderläuft und daher spontane Ablehnung hervorrufen wird. Nicht die totale Aufgabe des Einzelnen an seine Gemeinschaft kann die Lösung sein, sondern das „gleiche Recht", das jedes Individuum aus sich heraus dem anderen gewährt, so wie auch sich selbst, ist ein moralisches Prinzip, das dem durchschnittlichen Menschen einleuchten kann, wenn man ihm die gegenseitige Abhängigkeit der Menschen voneinander als Naturprinzip verständlich gemacht hat, so wie dies in allem großen Religionen von Anbeginn praktiziert wurde. Ich gebe mich nicht vollkommen auf, um quasi als Teil der Gesellschaft wiederzuerstehen, sondern ich gebe meiner Gesellschaft einen Anteil von mir selbst; nur damit kann ich meine Ich-Identität in einer für mich verständlichen Form beibehalten. Ich selbst gebe einen Teil von mir als Beitrag, als Ausdruck dessen, dass ich die gegenseitige Abhängigkeit verstanden habe. Dadurch kann ich diese Reziprozität im Einklang mit meinen Instinkten leben, der Territorialität und der Xenophobie, die mich zwingen, von den anderen einen Freiraum für mich zu beanspruchen. Ich kann es deshalb, weil ich verstanden habe, dass alle anderen in der gleichen Situation sind. Im Gegensatz dazu entspricht die Forderung von Rousseau der denkbar radikalsten Form von Kommunismus, derart perfekt, dass es schon nicht mehr das Paradies auf Erden sein kann, sondern das

---

[44] Jean-Jacques Rousseau, The Social Contract. Digireads 2005, S. 19.
[45] ebd, S. 10.

Paradies selbst, bevölkert von den von ihm selbst benannten Göttern und Kant's Engeln.

Rousseau's "Sozialkontrakt" leidet zusätzlich an den folgenden grundlegenden Schwächen: 1- Es ist ein Vertrag ohne Unterschrift; kein Bürger braucht ihn zu unterzeichnen. Sie alle werden ungefragt in ihn hineingeboren. 2- Die Gesetze werden nicht vom Volk gemacht, sondern von einigen wenigen Repräsentanten, die bestenfalls von einer Mehrheit der Bevölkerung unterstützt werden, welche die Autoren der Gesetze stützt, nicht direkt die Gesetze selbst. Die unterlegene Minderheit bleibt dabei unberücksichtigt. Das Prinzip der "Selbstlegitimierung" des Volkes, was bedeuten sollte, dass das Volk seine Gesetze mache, ist ein theoretisches Konstrukt ohne tatsächlichen Bezug zu den Bürgern. Es nützt den Menschen nicht, dass Rousseau die repräsentative Demokratie als eine Lüge und Abart bezeichnete, weil die von ihm gemeinte Form der direkten Demokratie nirgendwo existierte. Es gibt praktisch nur repräsentative Demokratien. 3- Er hatte zwar vorgeschlagen, die Souveränität des Volkes mit Hilfe einer direkten demokratischen Republik zu verwirklichen. Dabei vergaß er allerdings zu bedenken, dass man es meist mit großen Ländern und einer inhomogenen Bevölkerung zu tun hatte, nicht mehr nur mit einem Stadt-Staat oder Schweizer Kanton; offensichtlich war er als Genfer dabei in einer nostalgischen Vision von direkter Demokratie in seiner Schweizer Heimat gefangen. 4- Auch die von ihm so gemeinte „virtuelle" Form von direkter Demokratie, verkörpert durch das Gesetz, erweist sich als Falle, als Gefahr für die Entwicklung zur Diktatur, oder bestenfalls einer Ein-Parteienregierung, die sozusagen zur „totalitären Demokratie"[46] wird, nicht nur wegen der benachteiligten Minderheiten, sondern auch, weil es kein Kontrollinstrument zur Wahrung des Gemeinwohls gibt außer die dorthin umerzogenen Erwachsenen und die Erziehung der Kinder in eine Gesellschaft, die es in der geforderten Form noch nicht gibt ebenso wie die Methode für eine solche Erziehung. 5- Das Konzept birgt außerdem die weitere Unwegbarkeit, dass sich in einer größeren Gemeinschaft grundsätzlich Gruppen mit unterschiedlichen Interessen bilden, die den Kampf gegeneinander aufnehmen, solange nicht eine zusätzliche ordnende Kraft eingreift, der alle Bürger zustimmen müssen: jene Evidenz, die zeigt, welche der verfügbaren Lösungen am ehesten die gemeinsamen Interessen einfasst.

E7 Die Sozialwahl-Theorie und ihre Risiken

Die Bedeutung von „Sozialwahl" (engl. „social choice") ist Gegenstand reger wissenschaftlicher Debatten, und niemand wagt zu behaupten, sie sei unbestritten – nur: Demokratie basiert im Prinzip auf ihr, jedenfalls in der Theorie: es geht um die Erwartung, dass Gruppenabstimmungen gleich gute oder bessere Entscheidungen erwirken als individuelle Entscheidungen. Was bedeutet dies alles nun?
Aufbauend auf den Arbeiten von Nobelpreisträger Amartya Sen, Kenneth Arrow und anderen besteht sie aus mehreren Theoremen, zu denen eine Reihe wissenschaftlicher Ansätze beitragen, darunter mathematisch-statistische und biologische, empirische und computergestützte. Keine davon ist aus der Sicht der wirklichen Welt schlüssig. *"William Riker (1920–1993), der die "Rochester school in political science"*

---

[46] J. I. Talmon, Die Ursprünge der totalitären Demokratie, Verlag für Sozialwissensch 1961

14

inspirierte, interpretierte eine moderne Version davon, nämlich die Sozial-Epistemologie, als mathematischen Beweis für die Unmöglichkeit einer populistischen Demokratie (z.B. Riker 1982)." ... "Amartya Sen (geboren 1933) ... ging davon aus, dass "ordinal preferences" für Gruppenentscheidungen ungenügend sind ... und trat für eine „possibilistische Interpretation der „social choice theory" ein". [47]*

Austin-Smith und Banks (1996) sowie Feddersen und Pesendorfer (1998) werden zitiert mit dem Argument, dass *"... unter der Bedingung der Annahme, dass ein Wähler für den Ausgang entscheidend ist, er eine höhere Erfolgswahrscheinlichkeit für eine gute Lösung für die Allgemeinheit sieht, wenn er gegen die eigene Meinung stimmt, als wenn er in ihrem Sinn stimmt".* [48]

Rosenberg [49] interpretiert List in dem Sinn, dass er ein deliberatives *"Meta-Agreement" annimmt, um das von Arrow und Condorcet beschriebene Dilemma zu umgehen".* - Conradt und List haben 2009 eine Übersicht und einen Methodenvergleich bei Tier und Mensch verfasst.[50] Gruppenverhalten bleibt bisher weitgehend undurchschaubar und führt zurück zu Zweifeln, ob unsere Spezies eher eine Fehlentwicklung der Natur oder ein Fortschritt in der Evolution ist.

Da Gruppenverhalten bei Tieren in aller Regel für deren Überleben relevant ist, stellt sich die Frage, wie bedeutend es bei uns Menschen ist – sie läuft auf den Konflikt zwischen Gruppenentscheidung und individueller Intelligenz hinaus, oder anders ausgedrückt: wer soll Fragen stellen und Entscheidungen treffen, der Gruppeninstinkt oder intelligente Individuen? Wenn es die Gruppenentscheidungen sind, tritt die Frage auf, wozu unsere Intelligenz entwickelt wurde. Blickt man in die Geschichte, so wird klar, dass es sich meist um eine Mischung aus bewussten Entscheidungen Einzelner und Gruppeninstinkt oder Zufallsergebnissen aus Abstimmungen handelt. Da wir von „Gruppeninstinkt" ziemlich wenig verstehen, und da Individuen bei Abstimmungen über Details von Entscheidungskriterien wenig wissen, fragt sich, wie relevant mathematische und computergestützte Modelle überhaupt sein können. Wir stehen hier vor einem tiefen Loch von Unwissen und Unsicherheit. Jedenfalls kann am Ende von Debatten hierüber stets nur herauskommen, dass lediglich das Individuum die Fähigkeit zu bewusstem Gewahrsein und kritischem Denken hat, das mysteriösem Massenverhalten gegenübersteht.

Wer soll über unsere Schritte in die Zukunft entscheiden: instinktives Gruppenverhalten und zufällige Abstimmungsergebnisse? Oder doch besser bewusste Entscheidungen Einzelner? Oder eine neue, dritte Lösung aus Gruppen informierter Individuen?

"Wahrheitsfindung" (engl. "truth tracking") ist ein Schlagwort aus dem Fachgebiet der Sozialwahl-Theorie. Man meint damit die richtige Entscheidung zwischen zwei

---

[47] Ch. List, "Social Choice Theory", The Stanford Encyclopedia of Philosophy (Winter 2013 Edition), Edward N. Zalta (ed.), URL = https://plato.stanford.edu/archives/win2013/entries/social-choice/ abgefragt am 09/24/2017

[48] ebd

[49] Shawn W. Rosenberg ed., Deliberation, participation and democracy. Can the people govern? Palgrave Macmillan 2007, S. 17.

[50] L. Conradt, C. List, Group decisions in humans and animals: a survey, Philosoph. Transact. Royal Soc. B, Biol. Sci., 364, 2009, DOI: 10.1098/rstb.2008.0276 http://rstb.royalsocietypublishing.org/content/364/1518/719.

Möglichkeiten: richtig oder falsch, schuldig oder unschuldig. Dabei wird jedoch leicht vergessen, dass bei sozio-politischen Fragestellungen in der Regel die Frage nach der bestmöglichen Lösung auftritt – eine weitgehend andere Situation, in der Evidenz gefragt ist und manchmal nach Versuch und Irrtum vorgegangen werden muss. In diesem Zusammenhang von „Wahrheit" zu sprechen, ignoriert entweder die Bedeutung des Begriffs oder führt zurück in die vorbewusste Welt, in der nicht die Politik handelt sondern „die Stimmung des Volkes". „Wahrheit" wird dann allenfalls als Fata Morgana in Konrad Lorenz' "Rückspiegel" (siehe Buchtitel „Die Rückseite des Spiegels";[51] er nannte diese zwingende Überzeugtheit aus Erfahrung oder aus Bauchgefühl „die unbelehrbaren Lehrmeister") sichtbar, als "instinktive Wahrheit", Überzeugtheit aus Hausverstand, common sense, Wissen aus der Erfahrung der Evolution – ist es auch in unserer Welt rettend, oder führt es in die Selbstvernichtung? Geht man davon aus, dass Bewusstheit in der Evolution entstanden ist, damit künftig nicht mehr nur das genetische Spiel von Anpassung und Mutation über Leben und Tod einer Spezies entscheidet, dann sollte besser diese neue Geisteskraft entscheiden. Aber was auch immer an Überraschungen unsere Demokratien gefährdet, seien es weit danebenliegende Wahlprognosen, Wahlen, die Demokratien an den Rand des Abgrunds katapultieren, die Sozialwahl-Theorie wird nicht aufgegeben: *"Einflussreich war Holmes's ökonomische Version des Wahrheits-Arguments. Frederick Schauer formuliert die These folgendermaßen: Genau wie Adam Smith's "unsichtbare Hand" gewährleisten wird, dass aus der Konkurrenz am freien Markt die besten Produkte hervorgehen werden, so wird auch eine unsichtbare Hand dafür sorgen, dass aus einer freien Konkurrenz der Meinungen die besten Ideen resultieren."* * [52] Die von Adam Smith [E22, 53] als Beispiel benutzte "unsichtbare Hand", die bei Gruppenentscheidungen die beste Lösung herausfinde, gerade so wie die freie Marktwirtschaft die besten und preisgünstigsten Produkte, könnte sich als eben diese Fata Morgana im Rückspiegel herausstellen, als jene alten unbelehrbaren Lehrmeister – Gruppen können nicht auf die Rückseite des Spiegels sehen, das gelingt nur dem kritischen Geist von Individuen. Gruppen ihrerseits werden allerdings leichte Beute individueller Manipulation. Letztlich kann also nur die Zustimmung der Gemeinschaft zur Entscheidung zielführend sein, künftig alle Entscheidungen soweit möglich evidenzbasiert zu treffen.[54]

E8   Diskussion von Brennan's politischer Philosophie
im Lichte von Argumenten der Human-Ethologie

Brennan und die „unbelehrbaren Lehrmeister" bei Konrad Lorenz

Die Bedeutungen sind hier keineswegs eindeutig und klar; sie sind sogar widersprüchlich und irreführend: Im Volksmund ist mit „vernünftig" der gesunde Men-

---

[51] Konrad Lorenz, Die Rückseite des Spiegels, DTV 1981 (Piper 1973)

[52] A. Goldman, Th. Blanchard, Social epistemology, in: The Stanford Encyclopedia of Philosophy (Winter 2016 Edition). Edward N. Zalta (ed.). https://plato.stanford.edu/archives/win2016/entries/epistemology-social/ abgefragt am 09/25/2017.

[53] L.M. Auer, Mensch und Demokratie. LIT-Verlag 2021, S. 232.

[54] ebd, S. 305ff.

schenverstand gemeint, also das Opfer der „unbelehrbaren Lehrmeister", die Lorenz als *„gefühlsmäßige Wertempfindung"* der *„verstandesmäßigen Erkenntnis"* [55] gegenüberstellt. Philosophisch ist demnach mit Vernunft die geistige Fähigkeit zur Selbstkontrolle gemeint, also die Kontrolle dessen, was der Volksmund als „vernünftig" bezeichnet.

Brennan macht den Leser auf die unbelehrbaren Lehrmeister aufmerksam und weist sehr deutlich auf eine irrationale Denkweise beim Argumentieren in Gesprächen hin, auch wenn er die spontanen Denkabläufe zunächst in dreifacher Weise irreführend interpretiert, wenn er beispielsweise annimmt, dass *"kognitive Fehleinschätzungen ... wie ein 'bug' in der Software unseres Gehirns [sind]. Sie hindern uns daran, zu glauben, zu denken oder zu tun was wir glauben, denken oder tun sollten .. ".** [56] Ein Grund ist, dass wir noch nicht genau wissen, wie unser Gehirn tatsächlich funktioniert; daher ist der Vergleich mit einem Computer nicht gerechtfertigt. Der zweite Grund ist, dass der Vergleich mit einem Softwarebug irreführend ist, weil ein „bug" ein Fehler ist. Im Gegensatz dazu sind diese Hirnfunktionen Ergebnis eines evolutionären Prozesses, nicht einer Funktions- oder Programmierstörung. Unser spontanes Verhalten ist kein Fehler im System, sondern das sind wir selbst; uns selbst als Störfaktor in einem ideologischen System zu bezeichnen, käme einer Selbstaufgabe gleich. Der dritte Punkt betrifft wieder diesen ideologischen Aspekt: was wir „glauben, denken oder tun *sollen*" entspricht der Erwartung von einem „Soll-Menschen" im Gegensatz zu dem, was der wirkliche Mensch in seinem Spontanverhalten tatsächlich *ist*.

Diese Moralvorstellung von erwünschtem oder vorgeschriebenem Verhalten entspricht in diesem Zusammenhang dem Verbot, spontan, automatisch, etwas zu glauben, zu denken oder zu tun. Damit sind wir am zentralen Problem und meinem Hauptanliegen angekommen: nicht das Verbot asozialen oder selbstschädigenden Verhaltens bringt eine Gesellschaft, eine Kultur weiter, sondern die Erziehung in das Verständnis der Gegebenheit, dass manches Spontanverhalten asozial wirkt [57] und daher mit Hilfe intelligenter Strategien vermieden werden sollte, Strategien, die Kinder in der Erziehung lernen, und deren Begründung sie verstehen und einsehen.[57 S.273]

Im Leben des modernen Menschen werden diese alten Mechanismen, Instinkte und anderes Spontanverhalten mit immer mehr rationaler Kontrolle konfrontiert; dadurch erscheinen wir oft zwiespältig, unlogisch, ja verrückt. Denn die Kontrolle des Spontanverhaltens kann nur jeweils „im Nachhinein" gelingen, nach dem Ablauf eines Verhaltensmusters oder bestenfalls durch Hemmung, nachdem es bereits abzulaufen begonnen hat, sofern nicht die Hemmung durch Vorausplanung bzw. Übung fast so wie spontan abläuft. Was Brennan entsprechend den Federalists als „passion" [58] bezeichnet, ist emotionale Überzeugtheit, unbewusstes, automatisches Denken und Handeln, das unser kritisches Denken dominiert oder ihm zuvorkommt. Brennan weist darauf hin, dass dies auch für unser Argumentieren im Gespräch gilt, und erläutert die Konsequenz aus diesem Gemisch von spontanem und kritisch

---

[55] K. Lorenz, Das sogenannte Böse. DTV 2010 (1963), S.239-2
[56] J. Brennan, Against democracy, Princeton Univ. Press 2017, S. 37.
[57] L.M. Auer, Mensch und Demokratie. LIT-Verlag 2021, S. 63ff.
[58] J. Brennan, Against democracy, Princeton Univ. Press 2017, S. 46.

bedachtem Denkprozess in hilfreicher Weise: "*... zeigt, dass unsere rationalen Überzeugungen und Entscheidungen oft nicht nur nicht verlässlich sind, sondern in
manchen Fällen sogar der Vernunft zuwiderlaufen. Argumentieren kann auch negative
Folgen haben ... weil dabei systematisch nach Argumenten gesucht wird, welche den
eigenen Glauben oder die eigenen Handlungen rechtfertigen*".* [59] Diese Feststellung
berührt zwei weitere Punkte: der eine ist, dass eine Diskussion, also eine verbale
Auseinandersetzung, als Kampf mit Worten anstatt mit Waffen gesehen werden
muss, bei dem die neue Waffe „Intelligenz" anstelle physischer Gewalt eingesetzt
wird. Darauf weist die Sprache bereits überdeutlich hin, wenn wir an Worte denken
wie „niederreden", „mit den besseren Argumenten gewinnen", „Wortgefecht" und
andere. Der andere Mechanismus, den Brennan auch als „bug" bezeichnet, ist ebenfalls kein Fehler im Denkablauf Einzelner, der unmoralisch oder bestrafenswert sein
sollte, sondern ein in der Evolution gewachsener Teil unseres Denkprozesses an sich
– oder mit anderen Worten: wir können nicht anders denken als unser Gehirn gemacht ist. Was wir machen können, ist unser Denken nochmals kritisch analytisch
„bedenken", aber erst im Nachhinein. Zunächst sind wir Opfer eines Prozesses, der
eine Erfahrung zu Überzeugung und die Überzeugung zu Glauben macht: wer eine
Entdeckung macht, und sei es eine wissenschaftliche, nimmt sie zunächst nicht als
hypothetisch, sondern beginnt daran zu glauben und verteidigt diese Überzeugung
– selbst Einstein war gegen diesen Mechanismus nicht immun, sondern verteidigte
seine Theorie über Jahre, bis er zähneknirschend nachgab. Dieses Denkschema – ich
nenne es das „Überzeugtheits-Syndrom" – ist tief in den Gehirnprozessen verankert,
eben Teil der „unbelehrbaren Lehrmeister", die sich hier als Werkzeug der Denkmechanismen offenbaren, als Methode der Verarbeitung, die derart tief im gesamten
Wesen verankert ist, dass auch der Hormonhaushalt dabei mitspielt: jeder Erfolg im
Wortgefecht hat einen positiven Verstärkungseffekt auf hormoneller Basis und
verführt uns ab und zu sogar dazu, noch weiter in eine Richtung zu argumentieren,
diesmal sogar nur noch des Erfolges wegen, nicht mehr aus rationaler Überzeugung.
Es ist in der Tat äußerst verwirrend zu sehen, wie wir einerseits in der Lage sind,
Naturphänomene rational auszuspähen und zu nutzen, Apparate bis hin zu Raum-
fahrzeugen zu bauen und zu betreiben, andererseits aber uns mit unserem Wissen
in vermeintliche Sachzwänge und wahnsinnigen Irrglauben zu verrennen und uns
damit selbst zu gefährden – der Kalte Krieg mit seinem x-fachen atomaren overkill
ist ein Beispiel. Trotz dieser mitunter entmutigenden Feststellung dürfen wir auf
unsere Fähigkeit zur rationalen Analyse vertrauen, weil wir sie auch zur kritischen
Prüfung unserer vermeintlich rationalen Denkergebnisse verwenden können, durch
„Nach-Prüfen" und „Be-Denken", um zu vermeiden, was auch als „rationale Irrationalität" bezeichnet wurde, z.B. also das rationale Argumentieren im Interesse eines
Wahnsinns (z.B. atomare Abschreckung). Ein Ratschlag unter Wissenschaftlern des
kritischen Rationalismus ist daher: wirf jeden Morgen eine Lieblingshypothese über
Bord, bedenke deren Begründung neu oder bedenke wenigstens, was dagegen
spricht.

Diskussion weiterer biologischer Faktoren mit Brennan's Philosophie

Brennan berücksichtigt die Tatsache nicht, dass das Individuum nicht nur "*besser*

---

[59] ebd, S. 38.

wegen der anderen" ist,* [60] sondern zunächst vollkommen abhängig und ohne kulturelle Erziehung und Sprache kein Mensch wird. Als Politikwissenschaftler und Philosoph räumt er ein, dass Ideologen dazu tendieren, die tatsächlichen Gegebenheiten der „condition humaine", der Natur und der Wirklichkeit des Menschen im Alltagsleben, wie auch der Massenphänomene, beiseitezulassen [60] (oder auszunutzen und zu missbrauchen). Er stellt dazu aber auch selbst fest, dass *"Unser politischer Tribalismus überbordet und auch unser Verhalten außerhalb der Politik korrumpiert"*.* [61] Auch wenn ich meine, dass die Entwicklung eher in umgekehrter Richtung verläuft, und dass politische Ideologien zum Versagen verurteilt sind, wenn sie die Eigenheiten der menschlichen Natur nicht mitberücksichtigen: die Konsequenz davon wird stets sein, dass die menschliche Natur sich durchsetzt, solange sie nicht anders erzogen wird bzw. sich aus Einsicht selbst erzieht und kontrolliert. Die einzige Möglichkeit bestünde demnach darin, intelligente Strategien zu erfinden, um unsere asozialen Eigenheiten zu kontrollieren.[62] Stammes- und Parteiendenken sind keine Erfindung politischer Parteien, sondern der Evolution. Nicht die Politiker machen uns schlechter, wie Brennan es hier ausdrückt, sondern wir, das Volk, sind es, die Politiker gewähren lassen und sogar aus Eigeninteresse zu Parteilichkeit drängen. Der Klassenkampf wurde ebenfalls nicht von Politikern erfunden; vielmehr ist er ein Phänomen der menschlichen Gesellschaft. Wir sind es, die Hierarchien bilden und Seilschaften – aber alle, Bürger wie Politiker. Instinktives Verhalten ist geleitet von Vertrauen und Ängstlichkeit; so verhält es sich mit der Fremdenscheu ebenso wie mit dem Misstrauen gegenüber anderen Clans. Solches Spontanverhalten aus politischer Sicht verantwortungslos und korrupt zu nennen bedeutet, einen Menschen als Bürger zu erwarten, den es von Geburt her so nicht gibt, der also von der Gesellschaft dorthin erzogen werden müsste. Das Ergebnis dieser Erziehung ist ein Abbild der Kultur und der Ideologie dieser Gesellschaft, oder der ihrer Führer. Es ist also nur allzu klar, dass Erziehung der einzig mögliche Weg aus dieser Unzufriedenheit mit dem Verhalten des Bürgers sein kann, auch, indem man ein Beispiel gibt. Aus diesem Grund wäre man einem groben Irrtum erlegen, erwartete man eine vollkommen moralische neue Generation, wohingegen die Elterngeneration noch alle Zeichen zunehmenden Individualismus, Libertinismus und asozialen Verhaltens vorlebt.

"Politik neigt dazu, uns von Anfang an in gegnerische Positionen zu setzen".* [63] Nicht die Politik sondern das „naturgegebene" Sozialverhalten macht uns dazu. Demokratische Politik greift es nur auf, nutzt es und missbraucht es damit – abgesehen von der Tatsache, dass Politiker auch „nur" die gleiche Art Mensch sind wie ihre Bürger. Intelligente Gesellschaften, die der Natur des Menschen und seines evolutionären Hintergrundes zunehmend gewahr werden, sollten Strategien entwickeln, die denen im Gehirn des Individuums gleichkommen: die allerletzten Entwicklungsschritte sind Hemmzentren im Stirnlappen des menschlichen Gehirns mit der Aufgabe, asoziales Spontanverhalten zu blockieren. Intelligente Hemm-Strategien für asoziales Verhalten in der Erziehung: es gibt keinen anderen Ausweg in dieser wachsenden

---

[60] J. Brennan, Against democracy, Princeton Univ. Press 2017, S. 231.
[61] ebd, S. 232.
[62] L.M. Auer, Mensch und Demokratie. LIT-Verlag 2021, S. 273ff.
[63] ebd, S. 235.

Gefahr der Selbstvernichtung der Menschheit. Die wissenschaftliche Erkenntnis des Zusammenhanges der eigenen Natur mit der gesamten Evolution des Lebens entsteht seit kaum einem Jahrhundert. Unsere Selbsterkenntnis entsteht in unserer Ära. Die schwierige Aufgabe besteht nun darin, dieses neue Wissen in bewusst geleitetes Sozialverhalten zu übertragen, in Strategien zur Erziehung der nachfolgenden Generationen, und in Politik.

Brennan's Interpretation von Hobbes' Leviathan [64] ist in diesem Zusammenhang diskutabel, weil sie außer Acht lässt, dass der „Naturzustand" des Menschen, der „Wilde", nicht seine Asozialität ist: auch der „Wilde" lebt in einem, wenn auch instinktgeprägten, sozialen Umfeld mit seinen Regeln. Sie haben sich aus der Welt der Menschenaffen dank der neuen Bewusstheit, der Selbst-Bewusstheit, weiterentwickelt, dank der Sprache mit intensivierter Kommunikation, zunehmend auch dank der neuen Gabe der bewussten Hemmung von Instinkten. Eben erst, in unserem Zeitalter, erwacht die Menschheit in eine neue Sozialbewusstheit, das Gewahrsein, dass der Kampf der Stämme gegeneinander den Keim der Selbstvernichtung birgt.

Seit der Zeit von Hobbes, Locke und den weiteren Denkern ab dem Zeitalter der Aufklärung erhellt sich das Selbstbildnis des Menschen als Individuum und als soziales Wesen. Die Human-Ethologie und das Verständnis der Evolution unserer Erkenntnisfähigkeit im Zusammenhang der Entdeckung der Evolution des Lebens insgesamt, und der Entschlüsselung der Hirnfunktion, haben unser Selbstverständnis grundlegend zu verändern begonnen.

E9 Unbelehrbare Lehrmeister, Moral und kategorischer Imperativ

Über Hirnfunktion, Verhalten, Philosophie - und Politik

Unsere Hirntätigkeit besteht aus Regelvorgängen als Reaktion auf Informationen aus der Umwelt oder aus dem Körper, wobei auch das Gehirn selbst als „Körper zählt, wenn innere Vorgänge einen bewussten Denkvorgang auslösen, uns also „etwas eingefallen" ist. Es handelt sich dabei um eine Vielzahl parallel ablaufender Vorgänge, die ihrerseits wieder miteinander kommunizieren und dadurch ihre Entscheidungen, Reaktionen, voneinander abhängig machen. Die Mehrzahl dieser Vorgänge betreffen die zentrale Regulierung der Körpervorgänge, Organ- und Systemfunktionen, sowie eben deren Koordinierung, sowie die Anpassung dieser Körperfunktionen an umweltbedingte Erfordernisse und Reize; diese letzteren lösen komplexe Reaktionen des Körpers aus, unser Verhalten, häufig in gleicher oder situationsangepasster Uniformität – sämtlich automatische Abläufe, bei denen wir als bewusste Wesen sozusagen zunächst nur zusehen können. Diese Reaktionen erfolgen entweder auf Informationen, die über die Sinnesorgane in unser Zentralnervensystem gelangen, oder auch „von innen" ausgelöst werden als Reaktion auf Gedanken, Erinnerungen und Grundsatzentscheidungen. Die Mehrzahl dieser spontanen Regelvorgänge und Verhaltensprogramme zählt man anatomisch und physiologisch dem vegetativen Nervensystem zu, das wegen seiner automatischen Funktion auch als autonomes Nervensystem bezeichnet wird. Viele davon kennen wir als Emotionen, also als

---

[64] J. Brennan, Against democracy, Princeton Univ. Press 2017, S. 236.

körperlichen Ausdruck eines Zustandes, in den wir als Reaktion auf eine Information geraten. Dazu zählen Schwitzen, Tränen, Zittern, instinktives Lachen oder Gesichtsausdruck; das Gewahrwerden der eigenen Emotion ist unser Gefühl, das „sich Fühlen"; [65] dazu zählt z.B., sich traurig zu fühlen, oder glücklich – oder zu Hause. All diese Verhaltensformen, Emotionen, Gefühle, Zustände können anfänglich nicht unterdrückt werden, denn sie sind ja unbewusst hervorbrechende „Produkte" der Verarbeitungsprozesse in unserem Gehirn. Erst im Moment des Gewahrwerdens, dass in oder mit uns etwas geschieht, dass wir in einen neuen Zustand geraten sind, können wir bewusst mit Beeinflussung reagieren, z.B. Unterdrückung oder auch Betonung, also bewusster Identifikation mit dem Zustand – häufig geschieht es, dass wir uns spontan im Bewusstsein mit einer solchen spontanen Äußerung identifizieren, um uns selbst zu versichern, dass wir etwas bewusst ausgelöst, willentlich geäußert hätten, obwohl es in Wahrheit unbewusst geschehen ist, nur, um nicht als quasi zwei Individuen dazustehen. Emotionen sind die „archaische" Sprache unseres Körpers, Signale an die Individuen in unserer Umgebung, mit denen wir unseren gegenwärtigen Zustand ausdrücken, eben als Äußerung, als Emotion entsprechend der Bedeutung des lateinischen Begriffs. Emotionen sind also eigentlich die ursprüngliche Form der Kommunikation: Sie sind Signale im Dialog mit Artgenossen, lassen beim Gegenüber eine Deutung zu, welche Motivation oder Handlungsreaktion wahrscheinlich aus diesem emotionalen Zustand resultieren wird – zum Beispiel ein wütender Gesichtsausdruck als Ankündigung von Aggression.

Solche zerebralen Prozesse laufen ebenso als Antwort auf innere Signale ab und drücken sich zum Beispiel als Motivationen aus, zum Beispiel die Suche nach Nahrung bei Hunger. Wir bezeichnen sie auch als triebhaftes Verhalten und kennen sie als möglichen Beginn sozialer Konflikte, als Widerstreit zwischen individuellen und sozialen Antrieben. Bei diesem inneren Kampfgebiet handelt es sich ja um Anfang, Gegenwart und Ende von Gesellschaft; hier marschieren auch die Heilsarmeen kultureller Erziehungsbemühungen auf, hier stehen die Stelen und Grabsteine religiöser Erziehung. Soziale Ordnungssysteme entstanden in virtuellen Räumen der kulturellen Evolution über diesem Schlachtfeld „Natur".

Mit unseren als unmoralisch sanktionierten tiefsitzenden Verhaltensautomatismen sehen wir uns ungern konfrontiert; aber sie treten sehr rasch demonstrativ zutage, wann immer sie als erlaubt gelten, und sie werden – wie im Krieg – sogar zu Heldentum. Lust oder Gleichgültigkeit angesichts von Grausamkeit wurden kaum jemals derart herzzerreißend dargelegt wie in Swetlana Alexijewitsch's Interviews von Augenzeugen und Opfern der Stalin-Ära und des heutigen Russland.[66] Unsere diesbezügliche Ratlosigkeit und Hilflosigkeit uns selbst gegenüber beschreibt auch Thomas Mann in seiner Laudatio zum 80. Geburtstag von Sigmund Freud.[A144] Karl Popper schreibt, dass die Suche nach den zwanghaften Überzeugungen – ich erwähnte sie als Lorenz' „unbelehrbare Lehrmeister" – in der Philosophie eine Geschichte habe:[1] was bei Kant die „Kategorien", ist die in den Wissenschaften unter-

---

[65] Mit dieser Differenzierung von Emotion und Gefühl stimme ich mit der von Damasio überein: A. Damasio, Ich fühle, also bin ich, List Taschenbuch 2002 (Orig. „The feeling of what happens, Harcourt Brace Verlag 1999).

[66] S. Alexijewitsch, Secondhand Zeit, Suhrkamp 2015 (Vremja 2013 Vremja second-hand. Konec krasnogo čeloveka)

suchte Systematik für das „unbewusste Denken" im Gehirn (zur Bearbeitung von Lorenz' Sicht der Kant'schen a priori siehe Anm.[A87]). Kant muss wohl angenommen haben, dass unsere Denkmechanismen auf einer unveränderlichen Basis beruhen. Im Gegensatz dazu meinte Hegel, dass soziale Faktoren, wenn schon nicht das Gehirn insgesamt so doch zumindest dessen Funktionen formen, also unser Verhalten, dass sie also durch die Geschichte einer Kultur bestimmt würden. Marx hingegen glaubte, dass es sich bei dieser Determinante nicht um die soziale Gesamtheit einer Nation handle, sondern um ihre sozialen Schichten. Zweifellos unterschieden sie alle drei nicht zwischen einerseits jenen Instrumenten, die allen Menschen in gleicher Weise eigen sind, nämlich den evolutionsbedingten *Fähigkeiten* zur Entwicklung einer Funktion wie etwa von Sprache, Schreiben, Lesen und Rechnen, und andererseits jenen in der Tat durch die Gesellschaft bewirkten Errungenschaften, nämlich die genetisch bedingten Fähigkeiten durch Anlernen mit Leben zu füllen und die Nachkommenschaft tatsächlich sprechen, schreiben, lesen und rechnen zu machen – was bei Tieren, sogar Schimpansen, ein fruchtloses Unterfangen wäre. Nebenbei wären noch jene Fähigkeiten zu erwähnen, die allein durch Einwirken der übrigen Umwelt verwirklicht werden. Nur Kant erkannte ganz klar, dass es einen allen Menschen gemeinsamen Funktionsmechanismus im Hintergrund geben muss, eine dem (unbewussten) Denken innewohnende Methodik zur automatischen Interpretation von Sinneseindrücken, welche am bewussten Ende des Prozesses als spontane Überzeugungen herauskommen, eben jene „unbelehrbaren Lehrmeister". Nur machte keiner der drei Philosophen deutlich, dass diese Hirnfunktionen absolut nichts mit der Zugehörigkeit zu der einen oder anderen Kultur, Nation oder sozialen Klasse zu tun haben.

Diesem Irrtum erliegt man jedoch leicht, weil unterschiedliche Erfahrungen in verschiedenen sozialen Klassen durchaus in voneinander abweichendem Sozialverhalten resultieren können, wie etwa dem spontanen Knüpfen scheinbar kausaler Zusammenhänge: so könnte ein Bürger im antiken Griechenland meinen, Zeus zürne ihm, wenn er nach einem Blitz den nachfolgenden Donner hört, während ein moderner Mensch die Sekunden zwischen den beiden Ereignissen zählt um festzustellen, wie weit entfernt das Gewitter von ihm ist. Man vergebe mir den nun folgenden Anachronismus: beide lägen falsch, wenn der Donner aus einem verborgenen Lautsprecher käme. Beide aber haben mithilfe derselben automatischen Gedankenabläufe in ihrem Gehirn einen Kausalzusammenhang konstruiert. Hegel könnte nun das Ereignis als kulturelles Phänomen interpretieren, bezogen auf den religiösen Glauben der Griechen, während ein marxistischer Sklave sagen könnte: Zeus bestraft mich immer, wenn ich etwas tue, was dem Willen meines Meisters zuwiderläuft, weil Zeus es schon immer mit den reichen Griechen gehalten hat. Dies steht im Gegensatz zu Mannheim's "social habitat", dem *System von Meinungen und Theorien, die ihm als unzweifelhaft wahr oder selbstverständlich erscheinen. [Dass] sie als … logisch und selbstverständlich wahr erscheinen",* [67] entspricht nichts anderem als Konrad Lorenz' "unbelehrbaren Lehrmeistern".

Die daraus resultierende Schlussfolgerung für die Stabilisierung von Demokratie wäre Erziehung zum Verständnis der Ursache solcher Vorurteile, und wie man dieser Falle des „Selbstverständlichen" aus dem automatischen Denken des „gesun-

---

[67] K. Popper, The Open Society and its Enemies, Routledge 2011 (1945), S. 420.

den Menschenverstandes" entkommen kann: "Glaube mir, mein Junge, wir, die armen Leute werden nie eine Chance haben, Präsident dieses Landes zu werden, weil das seit Jahrhunderten so ist, weil die Reichen nie aufgeben werden, uns mit der Macht aus ihrem Reichtum zu unterdrücken." Dies gilt ebenso für Klassenabhängiges Sozialverhalten und Selbstwertgefühl: "Wir gehen dort nicht hin, denn dort wohnen nur diese Schwarzen, und da gehören wir nicht hin" – und umgekehrt.[E8] Wir sprechen hier also vom Verständnis instinktiven Verhaltens als Ergebnis der Erziehung, nicht nur wegen populistischer politischer Manipulation. Die Ansicht von Brennan, es handle sich bei den „unbelehrbaren Lehrmeistern" um eine Art von „bug" in der Software des Gehirns zeigt, dass unerwünschtes Sozialverhalten heute weithin als Fehler im System bewertet wird, nicht als natürliches Spontanverhalten, das eben nur nicht mehr mit dem Sozialkontrakt einer modernen Massengesellschaft kompatibel ist und entsprechender Obsorge bei der Erziehung in diese Gesellschaft bedarf.[E8]

„Erst die Wertempfindung, erst das Gefühl ist es, was der Antwort, die wir auf die kategorische Selbstbefragung erhalten, das Vorzeichen von plus und minus erteilt und sie zu einem Imperativ oder Verbot werden lässt. Beides aber entspringt nicht der Vernunft, sondern dem Drang der Dunkelheit, in die unser Bewusstsein nicht hinabreicht." [68] Lorenz lässt hier die Option unberücksichtigt, dass wir in der Lage sind, diese unsere Wertempfindung kritisch zu hinterfragen, und aus einem Bemühen um Gleichwertigkeit aller Menschen zu einem Urteil zu kommen, das instinktiver Wertempfindung widerspricht.

Da sind wir nun an dem äußerst kritischen Punkt angelangt: auf der einen Seite entstehen aus kollektivem Wertempfinden Gesetze, als allgemeingültiges Werturteil. Auf der Ebene individuellen Verhaltens hat die in uns entwickelte Sozialmoral eine Kontrollfunktion: werden wir unseres eigenen Spontanverhaltens gewahr, hakt, je nachdem wie wach, aufmerksam oder schlafend wir sind, - erst jetzt – unsere Kontrollfunktion ein, entscheidet, ob wir damit einverstanden sind, was das Tier in uns schon vorweg entschieden hat. Entweder sind wir noch rechtzeitig, können die Spontanreaktion verbergen, oder müssen sie ex post durch eine Verlegenheitsreaktion abwandeln in eine scheinbar andere Absicht, um über unser Spontanverhalten hinwegzutäuschen, für das wir uns schämen, oder wir müssen ganz ex post uns entschuldigen für unser Spontanverhalten, für das Tier in uns, wie für unser Haustier, das unanständig war. An diesem Punkt entscheidet sich die moralische Qualität: die Bewertung des herzenswarmen Spontanverhaltens ist die moralisch nicht bedeutsame Ebene. Bedeutsam wird es erst dort, wo der selbstkritische Mensch entscheidet, was er aus ethischer Sicht zulassen kann und was nicht. Kant trennt noch nicht zwischen kulturell Angelerntem und im unerzogenen Menschen tief sitzendem Moralempfinden; vor allem konnte er nicht ethologische Erkenntnisse voraussagen und erklären, dass das Gerechtigkeitsempfinden „in mir" ohne Erziehung Ergebnis der Evolution ist.

Menschen leben in „Kulturkreisen", in West und Ost, im reichen Norden und im armen Süden, sie haben in all ihrer familiären Herzenswärme ganze Kontinente ausgeplündert und die Menschen verschleppt und versklavt, bis in das 21.Jh. hinein.

---

[68] K. Lorenz, Das sogenannte Böse. DTV 2010 (1963), S. 239

Selbstkontrolle und Selbstbestimmtheit bedeuten nicht, dass „menschliche Wärme" nicht mehr erlaubt wäre; sie bedeuten lediglich, dass sie nur nach bewusster Kontrolle zugelassen werden. Ein Mensch, der beschlossen hat, von seinen Instinkten nicht mehr widerstandslos beherrscht zu werden, sie nach Kräften auf der Basis einer allgemeingültigen Ethik zu kontrollieren, ist kein Engel sondern allenfalls ein Heiliger. Ein Engel ist ein Geistwesen ohne Leben. Insofern trifft der Satz nicht zu: *„Der alles sogenannten Tierischen entkleidete, des Drangs der Dunkelheit beraubte Mensch, der Mensch als reines Vernunftwesen wäre keineswegs ein Engel: er wäre weit eher das Gegenteil!"* [69]

Umgekehrt ist das widerstandslose, unreflektierte Befolgen von Regeln etwas, das jeglicher menschlichen Wärme entkleidet ist, dort, wo nicht einmal mehr das Selbstmitleid angesichts der eigenen Vorstellung trägt, man selbst wäre betroffen: „Ein Kind fällt ins Wasser ....." [69] - Diese Problemstellung ist oftmals für jegliche Seite im Streit um dieses Thema herangezogen worden. Zweifellos handeln wir hier nach einem vorgefertigten Prinzip spontan. Erst im Nachhinein können wir überdenken, ob das richtig war oder nicht. In manchen Fällen kann sich das bestätigen, in anderen nicht. Die Frage ist stets – per biologischer Definition – eine ex post Frage. Wann man sie sich stellt, ist Teil unserer problematischen Existenz. Auch hier gibt es allerdings kulturelle Auswüchse ins Selbstgefährdende für eine Gesellschaft: während seiner Patrouille durch den Park sah ein englischer Gemeindepolizist ein Kind in einen Teich stürzen und rief umgehend die Feuerwehr um Hilfe. Auf die Frage, warum er das Kind habe ertrinken lassen, anstatt selbst sofort zu helfen bzw. andere Helfer per Funk herbeizurufen, antwortete er, er sei dazu nicht autorisiert gewesen, da für Wasserrettung nicht ausgebildet.

Scheinbar unkontrollierbare Aggressivität kann nur dort unterbunden werden, wo unsere Selbstkontrolle erfolgreich und konsequent eingesetzt wird – dazu muss sie nicht vor allem entsprechend anerzogen worden, sondern sie muss durch Einsicht in die Hintergründe durchschaut worden sein: erst damit kann Selbstkontrolle tatsächlich einsetzen. Freud argumentierte an dieser Stelle, dass auch ein selbst auferlegtes Verbot nur deshalb nötig sei, weil darunter ein Drang zu dessen Übertretung agiert, der durchaus als lustbetonter Reiz zur Übertretung fungiere. [70] Hier hilft wohl durch Blockade des Dranges am ehesten der Gedanke an das eigene Erleiden eines Schadens, der äquivalent wäre zu jenem, den man im Begriff wäre, einem Anderen zuzufügen. In diesem Falle würde es sogar schon ausreichen, wenn die Spiegelung des Selbstmitleids des potentiellen Täters zum Auslöser einer Empathie für das potentielle Opfer werden könnte, also der opportunistische Anteil des reziproken Altruismus. [71]

Das Tier im Menschen ist also nicht etwas „ *... von vornherein Böses, Verächtliches und nach Möglichkeit Auszurottendes"*, [72] sondern etwas zu kontrollierendes und zu überwachendes. Nicht mit Misstrauen, aber mit Wachsamkeit.

---

[69] K. Lorenz, Das sogenannte Böse. DTV 2010 (1963), S. 240.
[70] S. Freud, Totem und Tabu, Kap.II, Gesammelte Werke, Anaconda Verlag Köln 2014.
[71] L.M. Auer, Mensch und Demokratie. LIT-Verlag 2021, S. 97ff und S. 271ff.
[72] K. Lorenz, Das sogenannte Böse. DTV 2010 (1963), S.241.

Außerdem: Man kann Aggression und andere Instinkt-getriebene Handlungen *„ganz sicher nicht dadurch ausschalten, dass man auslösende Reizsituation vom Menschen fernhält, und man kann sie zweitens nicht dadurch meistern, dass man ein moralisch motiviertes Verbot über sie verhängt.* „[73]

Die allererste Erkenntnis in diesem Bereich wird wohl immer wieder jene bleiben, dass eine Veränderung nur im Individuum erfolgen kann, nicht in einer Gesellschaft. Insoferne geht es also nicht primär um Gesellschaftsformen bzw. -reformen, sondern um Erziehung von Individuen zur Einsicht und Selbsterziehung. Diese Individuen können sich dann die Kant'sche Frage nach dem kategorischen Imperativ stellen, hundertmal am Tag, werden weiter sündigen, fehlen, aber sie werden den freien Willen behalten zu entscheiden, und sie werden täglich die Prüfungen erneut auferlegt bekommen, ob und wie sie die Kraft aufzubringen, willens und in der Lage sein werden, „ihren inneren Schweinehund zu überwinden", fair zu bleiben, oder der Gier nachzugeben. Auch in der Liebe kann man fair oder unfair sein, auch beim Erlebenmöchten von Schönheit kann man fair oder unfair sein, verzichten sollen oder nicht verzichten können – wo ist der Sinn des Lebens? Im Genießen oder im Verzichten?

Kant verfolgt mit seinem Imperativ einen Sinn und vor allem einen Zweck. Lorenz stellt keine Sinnfrage, daher kann er mit Kant nicht reden. Wo er wieder zu ihm stößt, ist die Feststellung, dass „ ... *die Fehlfunktion eines Instinktes aufzuspüren ... die Aufgabe der kategorischen Frage [ist], sie zu kompensieren , die des kategorischen Imperativs.*"[74] - Das trifft aber nur zu, wenn man Vernunft definiert als Basis der Teleonomie und jegliches Opfer für andere als Unsinn erklärt. Das Opfer des Jesus von Nazareth zeigt ja genau in die Gegenrichtung!

Das höchste, eigentlich Menschliche ist dieses Opfer, dieser Verzicht (wobei das Opfer Jesu noch einen anderen Effekt; siehe hierzu [E10]). Daraus ist Sinn zu schöpfen. Nicht aus gefühlsechtem Leben ohne Sinn.

Aus evolutionärer Sicht ist nicht vorstellbar, dass es Sinn und Zweck der Entwicklung unseres Bewusstseins ist, die Funktionalität von Sackgassen der Evolution zu hüten, von nicht teleonomen, arterhaltenden Instinkten, die schlechtweg Unsinn sein können, wie der reine, bewusste Genuss als Selbstzweck.

Wenn wir unsere Fehlfunktionen erkennen können, hier die schädigende Wirkung unseres asozialen Verhaltens, und auch deren Hintergründe zu verstehen imstande sind, ja sogar fähig wären, sie selbst zu unterbinden, so klingt dies nachgerade wie ein sozialpolitischer Auftrag an uns, aus der Evolution oder deren Erfinder.

In diesem wolkigen Gebilde über der biologischen Wirklichkeit entstanden auch Sozialkontrakte, Verhaltensnormen, Traditionen, Gesetz und Moral. In der Demokratie sollen gleiche Rechte gleichen Zugang zu Ressourcen und gleiche Begrenzung asozialen Verhaltens gewährleisten. Jedoch, die moderne liberale Demokratie verliert in ihrem gleichzeitigen Versuch, maximale individuelle Freiheit zu gewährleisten, die Orientierung in ihrer moralischen Zwiespältigkeit und lässt Gesellschaften an den Rand des Abgrunds geraten:

---

[73] ebd, S. 247
[74] ebd, S. 240.

Die moralische Zwiespältigkeit der liberal-demokratischen Politik

"Geltungsdrang ist keine moralische Emotion. Wir sollten nicht auf Kosten unseres Wohlbefindens oder anderer gerechter Anliegen danach trachten". [75] Hier haben wir ein Beispiel für die Ächtung eines biologisch fundierten Verhaltens und des Ersatzes durch ein moralisch zu erwartendes Verhalten durch den "Soll- Menschen"; stattdessen könnte es auf intelligente Weise kontrolliert – neu-orientiert - [76] werden. Die Organisation der Erziehung in die „Moral", also die Kontrolle von potentiell asozialem Verhalten als Teil des Sozialkontrakts, ist in unseren Tagen westlicher säkularer Gesellschaften zur Aufgabe von Politik geworden. Die einzige Moral, die der Mensch quasi a priori besitzt, sind seine Instinkte. Kant würde heute daher sein „moralisches Gesetz in mir" * [A335] als intrinsische Eigenschaften bezeichnen, nicht mehr als a priori.

Instinktives Verhalten zu ignorieren oder zu bestrafen, ohne Bereitschaft, sich damit auseinanderzusetzen, hat sich für das soziale Leben der vergangenen Jahrtausende als nicht hilfreich erwiesen, denn Menschen im Alltag haben ihr Verhalten nur wenig geändert. Die Gründerväter der USA haben es sich mit ihrer Form der rechtsstaatlich fundierten Republik sozusagen leicht gemacht, indem sie sanktionierten, was nicht dem Gesetz entspricht, und meinten, weiterführende Erziehung als vorbeugende Maßnahme sei ohnedies nicht zielführend. Das gleiche Spiel wird auf der nationalen und internationalen politischen Ebene gespielt, wo Mord mit Todesstrafe oder lebenslänglichem Gefängnis bestraft wird, während Tötung in militärischen Konflikten als „Kollateralschaden" oder sogar als heroischer Akt gilt.[A336]

Nach der wissenschaftlichen Vorstellung aus Psychologie und biologischer wie soziologischer Verhaltensforschung von der Entstehung und Entwicklung unserer zwischenmenschlichen und gesellschaftlichen Bindungen verhalten wir uns über weite Strecken entgegen den derzeit politisch korrekten Dogmen: von Geburt an sind wir nicht frei sondern vollkommen abhängig, abhängig auch von der Entwicklung eines sozialen Ur-Vertrauens in der Mutter-Kind Beziehung.[E12] Wir leben in archaisch und instinktiv entstehenden hierarchischen Gruppen oder verfallen der Dynamik Masse oder Meute, während wir gleichzeitig in einem Staat leben, geordnet durch Gesetze, Judikative und Exekutive. Wir leben in einem wilden Gemisch von Gesetz und Anarchie, von Moral und Unmoral.

E10 Canetti, Masse, Macht und Paranoia

Wer sich mit dem Phänomen von Macht über Menschenmassen befasst, wird unweigerlich früher oder später zu Elias Canetti's Analyse in seinem Buch „Masse und Macht" kommen und dort eine Antwort über den Zusammenhang zwischen den beiden erwarten. Interessanterweise aber setzt er die Reziprozität dieser Entitäten als selbstverständlich voraus: Canetti interessierte sich für die unterbewussten Wurzeln der Macht und ihrer Auswüchse, ihres Missbrauchs durch Machthaber und ihrer Funktion in der Psychopathologie. Aus der Parallelität zwischen Missbrauch durch Machthaber und dem Gedankenkonstrukt paranoischer Patienten ergibt sich,

---

[75] J. Brennan, Against democracy, Princeton Univ. Press 2017, S. 132.
[76] L.M. Auer, Mensch und Demokratie. LIT-Verlag 2021, S. 273ff.

dass die beiden in der Tat ident, zumindest identen Ursprungs zu sein scheinen. Canetti zeigt damit, dass sich Machtmissbrauch als quasi natürlicher Zweck im Rahmen menschlichen Zusammenlebens erweist: denn die Tatsache, dass Macht üblicherweise im Sinne der ihr innewohnenden Eigenschaft missbraucht wird, macht sie in Canetti's Sichtweise zu einer nahezu unvermeidbaren, jedenfalls aber schicksalhaften Kraft, die nach seiner Ansicht über die Zukunft der Menschheit entscheiden wird: denn die grundlegende Triebkraft hinter diesem Prozess sei die zwanghafte Motivation, oder der instinktive Drang, auf Kosten der Anderen zu überleben: *„Der Wunsch, die anderen aus dem Weg zu räumen, damit man der einzige sei, oder, in der milderen und häufig zugegebenen Form, der Wunsch, sich der anderen zu bedienen, dass man mit ihrer Hilfe der einzige werde"*.[77] Aus Canetti's Sicht ist *"Der Überlebende … das Erbübel der Menschheit, ihr Fluch und vielleicht ihr Untergang. Wird es möglich sein, ihm im letzten Augenblick zu entkommen?"*[78]

Schon der „Befehl" entspricht nach seinem Verständnis einer Vorstufe der Tötung, sozusagen einer harmlosen Ersatzhandlung. Ich mache im dritten Kapitel den Vorschlag, diesen Mechanismus zu überlisten, und zwar indem man ihn im direkten Sinn des Wortes objektiviert: sooft sich eine politische Entscheidung durch wissenschaftliche Feststellung ihrer Evidenz treffen lässt, wird sie nicht mehr von einem Menschen getroffen, der über andere Macht ausübt, sondern von einer depersonalisierten Macht, dem gesamten verfügbaren Wissen, dessen Kontrolle die Kapazität einzelner Menschen weit übersteigt (siehe Anhang über digitales Wissensmanagement, Big Data und Künstliche Intelligenz ab S. 351). Canetti hingegen meinte, als aktiven Ausweg gäbe es nur die schöpferische Einsamkeit: *"Die Frage, ob es auch eine Möglichkeit gibt, dem Überlebenden beizukommen, der zu diesen monströsen Proportionen angewachsen ist, ist die größte, man möchte sagen: die einzige Frage. … die einzige Lösung, die sich dem leidenschaftlichen Drange zu überleben bietet, eine schöpferische Einsamkeit, die sich die Unsterblichkeit verdient, ist ihrer Natur nach nur für wenige eine Lösung"*.[79] Doch er kommt auch zu einem weiteren, dem eigentlich entscheidenden Schluss für uns und unsere Zukunft: *"Die uralte Struktur der Macht, ihr Herz- und Kernstück: die Bewahrung des Machthabers auf Kosten aller übrigen, hat sich ad absurdum geführt, sie liegt in Trümmern. Die Macht ist größer, aber sie ist auch flüchtiger als je. Alle werden überleben oder niemand"*.[80] Darin liegt zwar noch keine Sicherheit, aber doch eine berechtigte Hoffnung. Sicherheit kann es nicht geben, solange islamistische Terroristen voll Freude die ganze Welt vernichten würden, wenn sie Hand an die entsprechenden Massenvernichtungswaffen bekämen. Hoffnung und relative Sicherheit kommt vom Gleichgewicht des Schreckens, das Atomwaffen zwischen jenen Machthabern sichert, die dann doch lieber überleben würden als mitsterben.

In seiner Analyse beruft sich Canetti, wie schon vor ihm Sigmund Freud (siehe Hinweis am Ende dieses Textes), auf erste Berichte von Anthropologen, die im 19. Jahrhundert Nordafrika bereisten; sie beschrieben deren Könige als magisches

---

[77] Elias Canetti, Masse und Macht, Claassen 1960, S. 533.
[78] ebd, S. 540.
[79] ebd, S. 541.
[80] ebd, S. 542.

Zentrum der Gemeinschaft mit absoluter Macht, aber auch Vorbildfunktion für die Sozialmoral; diese Funktionen sind aber verbunden mit unbeschränkter Freiheit für Grausamkeit.[80] S.473 Wer an der Entwicklung von Grausamkeit innerhalb menschlicher Sozietäten interessiert ist, kann aus Canetti's Zusammenfassung der anthropologischen Berichte über diese afrikanischen Königreiche und indischen Sultanate schöpfen, wie der Regierung von Muhammad Tughlak im 14. Jahrhundert. Dazu stellt er fest: *"Es steht dem Europäer des 20. Jahrhunderts schlecht an, sich über Barbarei erhaben zu dünken. Die Mittel seiner Machthaber mögen wirksamer sein. Ihre Absichten unterscheiden sich oft in nichts von denen afrikanischer Könige"*.[81] Er vergleicht das Verhalten solcher Regenten mit Paranoikern und schreibt dazu: *"Niemand hat ein schärferes Auge auf die Eigenschaften der Masse als der Paranoiker und der Herrscher, was ... auf dasselbe hinausläuft"* .... *"Das Religiöse durchdringt sich hier mit dem Politischen, sie sind unzertrennlich. Welterlöser und Weltherrscher sind eine Person. Die Begierde nach Macht ist von allem der Kern. Die Paranoia ist, im buchstäblichen Sinne des Wortes, eine Krankheit der Macht"*.[82] Und er fasst schließlich zusammen: *"Ein Geisteskranker, der, ausgestoßen, hilflos und verachtet, seine Tage in einer Anstalt verdämmert hat, mag durch Erkenntnisse, zu denen er verhilft, von größerer Bedeutung werden als Hitler oder Napoleon, und der Menschheit ihren Fluch und ihre Herren erleuchten"*.[83] Und in der Tat kann man in Erinnerung an das eine oder andere Detail aus ihren Biographien ohne weiteres zustimmen, dass *„Der Unterschied zwischen ihnen [dem Paranoiker und dem Herrscher] ... nur einer ihrer Stellung in der äußeren Welt [ist]. In ihrer inneren Struktur sind sie ein und dasselbe"*.[84] Schon Platon hatte diesen Zusammenhang erkannt und beschrieben. [A306] und Sigmund Freud darüber geschrieben: Nach seiner Neurosenlehre, kurz erläutert in „Totem und Tabu", ist anzunehmen, *„eine Hysterie sei ein Zerrbild einer Kunstschöpfung, eine Zwangsneurose ein Zerrbild einer Religion, ein paranoischer Wahn, ein Zerrbild eines philosophischen Systems"*.[85] Das Krankheitsbild einer Paranoia hatte Freud an Senatspräsident Dr. Schreber studiert,[86] der sein Krankheitsbild selbst publiziert hatte;[87] darauf nimmt auch Canetti in „Masse und Macht" Bezug.

Canetti's Arbeit über den psychischen Ursprung und die Psychopathologie der Macht sowie deren Auswirkungen hätte statt des Nobelpreises für Literatur mindestens auch den Friedenspreis verdient; vielleicht wäre sie dann eher in der Diskussion geblieben und würde ihre Unsterblichkeit nicht in einem schattigen Winkel des heutigen Zeitgeistes verbringen müssen, weitgehend unbeachtet, fast vergessen.

Nochmal zurück zum Argument des Befehls als Ausdruck der Macht in der hierarchischen Menschenwelt: Canetti stellt den Befehl als abstrahierte Tötungsdrohung dar: *"Tod als Drohung ist die Münze der Macht"*. Der Untergebene gehorcht, um zu überleben. Hier besteht Canetti's Lösung darin, die Macht zu kontrollieren "...

---

[81] ebd, S. 473.
[82] ebd, S. 515f.
[83] ebd, S. 517.
[84] ebd, S. 533.
[85] S. Freud, Totem und Tabu, Kap. II, S. 678, Gesammelte Werke, Anaconda Verlag 2014.
[86] S. Freud, Psychoanalytische Bemerkungen über einen autobiographisch beschriebenen Fall von Paranoia, Deuticke 1912 (orig. 1911)
[87] D.P. Schreber, Denkwürdigkeiten eines Nervenkranken, Holzinger 2016 (orig. Mutze 1903).

den Befehl ohne Scheu ins Auge zu fassen und die Mittel [zu] finden, ihn seines Stachels zu berauben".[88] Es könnte sein, dass Canetti hier eine entscheidende Schlussfolgerung entgangen ist, obwohl er das Phänomen hierzu ganz klar beschreibt: es ist plausibel anzunehmen, dass die Mächtigsten nicht Jene sind, die sich des Lebens der Anderen bedienen, um selbst zu überleben, sondern Jene, die selbst keine Angst vor dem Tod haben oder zumindest bereit sind, ihr Leben für einen solchen Machtkampf einzusetzen – vorausgesetzt sie gewinnen – egal ob im Leben oder posthum; und es wurde bereits auf sehr unterschiedliche Weisen gewonnen in der Geschichte der Menschheit: Jesus von Nazareth ist wahrscheinlich das berühmteste Beispiel überhaupt. Jene, die zunächst verloren haben, zum Beispiel die dutzenden erfolgloser Hitler-Attentäter, werden später als Helden geehrt. Zu diesen Helden zählen auch alle in Kriegen gegen Machthaber wie Hitler gefallenen Soldaten der Alliierten, die sich ihm mit solchem Todesmut entgegenstellten. Insgesamt wird es an diesem Punkt wieder äußerst kompliziert, weil sich die „gute" Absicht mit der in der guten verborgenen bösen vermischt: "gute Zwecke" waren nicht selten nur Vorwand zudiensten der eigenen Machtgier. Dennoch bleiben alle gutwilligen Verfechter eines friedvollen Gemeinwohls jene Helden, die uns weiter zu hoffen erlauben, dass sich Machtmissbrauch eines Tages in derselben Weise verflüchtigen wird, wie Canetti dies ausdrückt.

Die fehlende Angst vor dem Tod – vielleicht aus Verzweiflung – ist auch der Beginn von Revolutionen: Versklavung ist Befehlsgewalt, also Androhung der Tötung; wenn jedoch alle Sklaven gemeinsam sagen: "töte mich", ist die Macht des Tyrannen zu Ende. An diesem Ende aber beginnt das Problem für die Demokratie: denn die Frage ist: was machen die Sklaven nun mit ihrer Freiheit?

Canetti's Erkenntnisse zu Machtmissbrauch und seiner Beherrschung münden insgesamt in meine zwei Vorschläge zur Machtkontrolle durch künftige demokratische Systeme: nämlich außer der intelligenten Neu-Orientierung zur Überlistung des Asozialen zuvor erwähnten Strategie der Neutralisierung (Buch S. 273f) auch eine Armee des guten Willens, deren moralische Rechtfertigung aus der Erörterung im Abschnitt ab Buch S. 342 resultiert.

Den neutralen oder gar positiven Aspekt von Macht spricht Canetti nicht an, die ordnende Macht der pro-sozialen Führerfigur, den Philosophen-König von Platon und Dante. Da sein Buch 1960 erschienen ist, kann man es als seine Aufarbeitung der Ära des Umbruchs nach dem Ende der Monarchien und der Massenveranstaltungen während der Diktaturen auffassen, beginnend mit der Faszination ob der geheimnisvollen Übertragung der Macht von einer mächtigen Menschenmasse auf einen Führer, der zum Mythos, zum quasi-Gott und Beschützer vor Gefahr und Unbill aufsteigt.

Dieser positive Anteil an der Macht drückt sich auch in der Sprache aus: so besteht im Englischen kein Unterschied zwischen dem Ausdruck für Befehl (order) und Ordnung (order): nur durch Hierarchie und die daraus resultierende Macht entsteht soziale Ordnung. Aus dieser positiven Sicht könnte man auch sagen: "Ordnung ist die Folge von Macht basierend auf Vertrauen".

Nimmt man diese drei Aspekte zusammen:

---

[88] Elias Canetti, Masse und Macht, Claassen 1960, S. 543.

- Canetti's Sicht von Macht als gefährlicher Krankheit für die ganze Menschheit,
- Popper's Vorsicht, dass man zur Sicherheit die Möglichkeit haben sollte, Machtmissbrauch ohne Revolution zu beenden, indem der Machthaber einfach abgewählt werden kann,
- die Tatsache, dass es positive, ja notwendige Aspekte von Macht im Interesse der Gewährleistung sozialer Ordnung gibt,

so resultiert daraus, dass man für eine zukunftsfähige Gesellschaft die Ausübung von Macht so weit wie möglich auf der Ebene von Evidenz abstrahiert, depersonalisiert und damit objektiviert (Buch S. 305).

E11 Der Kampf zwischen Individuum und Gesellschaft bei Sigmund Freud

„Das menschliche Zusammenleben wird erst ermöglicht, wenn sich eine Mehrheit zusammenfindet, die stärker ist als jeder einzelne und gegen jeden einzelnen zusammenhält. Die Macht dieser Gemeinschaft stellt sich nun als „Recht" der Macht des einzelnen, die als „rohe Gewalt" verurteilt wird, entgegen. Diese Ersetzung der Macht des einzelnen durch die der Gemeinschaft ist der entscheidende kulturelle Schritt. Ihr Wesen besteht darin, dass sich die Mitglieder der Gemeinschaft in ihren Befriedigungsmöglichkeiten beschränken, während der einzelne keine solchen Schranken kannte".[89] Dieser Erklärungsansatz erscheint zu kurz gegriffen, weil er die Evolution nicht berücksichtigt; eine interessante Beobachtung aus zwei Perspektiven: die eine ist, dass die Arbeit von Charles Darwin bereits seit etwa einem halben Jahrhundert publiziert war und entweder unbeachtet blieb oder nur auf die körperliche Entwicklung bezogen wurde, nicht aber auf die Evolution des Verhaltens. Der Mensch war nie als allein lebendes Individuum frei; seit er sich von seinen Vorfahren, den Menschenaffen, löste, war er immer ein soziales Wesen, eingebunden in ein durch Instinkte geleitetes hierarchisches System, das nach innen den Frieden sicherte und ihn nach außen absicherte. Demnach war der individuelle Freiraum in dieser archaischen Sozietät schon immer eingeschränkt, abhängig vom sozialen Rang. Letzteres änderte sich allerdings im Laufe der kulturellen Evolution in voneinander getrennten Nationen auf unterschiedliche Weise. Wo aber findet hier die Vorstellung von individueller Freiheit ihren Platz?

Zu Freiheit und Kultur

Freud meint: *„Die individuelle Freiheit ist kein Kulturgut. Sie war am größten vor jeder Kultur ..."*.[89] Auch an dieser Stelle übersteigerter Vorstellung von vorkultureller individueller Freiheit fehlt also die Einbindung in die kulturelle Evolution. Letztere wird von Freud auch an Kulturentwicklung als Folge der Unterwerfung Schwächerer durch Stärkere gekoppelt und kulminiert in der Feststellung: *„Nur die Schwächlinge haben sich einem so weitgehenden Einbruch in ihre Sexualfreiheit gefügt ..."*.[90] Aus evolutionärer Sicht ist jedenfalls das Gegenteil der Fall, denn man wird davon ausgehen müssen, dass vor jeder Kultur das Individuum ähnlich einer Affenhorde, wie soeben angemerkt, nahtlos in eine instinktgewachsene Hierarchie eingebunden war. Erst in einer Kultur konnte, festgehalten in einem – wenn auch noch nicht

---

[89] S. Freud, Das Unbehagen in der Kultur, Fischer 1965 (orig. 1930), S. 90.
[90] ebd, S. 97.

schriftlichen – Sozialkontrakt, dem Individuum in seiner Bewusstheit ein individueller Freiraum entstehen; hierfür schuf wohl die Reziprozität einen Teil der Regeln,
die Unterwerfung einen anderen Teil, sei es auf interindividueller Basis, sei es zwischen Individuum und Gemeinschaft.

Freud's Triebverzicht – also der durch menschliche Kultur entstehende Zwang zum
Verzicht auf individuelle Freiheiten - war in Wahrheit schon in der hierarchischen
tierischen Gemeinschaft instinktiv erzwungen worden, sei es durch die Rangfolge
bei der Nahrungsaufnahme oder bei der Fortpflanzung in einer hierarchischen Gemeinschaft. Das Triebleben war also schon beim Tier weitgehend rigide auf sozial-
instinktiver Ebene reguliert – ein Sozialkontrakt der „alten" Art in Form weitgehend
genetisch festgeschriebener Verhaltensprogramme. Flexibilität, und damit mehr
Freiheitsgrade, entstanden durch das Bewusstsein, das Nach-Denken, durch welches jegliches spontane, rigid-instinktive Verhalten hinterfragt und geändert werden konnte. Diese neue Fähigkeit betrifft nicht nur das rein individuelle, sondern
auch das inter-individuelle Verhalten: hier kommt zu den instinktiven, also spontan
einsetzenden Verhaltensmustern, die Möglichkeit des beiderseitigen Nachdenkens
und Verhandelns, sei es von einer opportunistischen oder einer altruistischen Warte. Freuds „Triebsublimierung" ist daher nicht eine zwanghafte Folge der Entstehung von Kultur, sondern ein zusätzlicher Prozess im Verlaufe der kulturellen Evolution.[91] Die immer weiter zunehmende Gruppengröße von der Sippe zum Stamm, zur
Nation und letztlich zum Staat, sind nachfolgende Ergebnisse der kulturellen Evolution im Dialog mit – oder eigentlich fast ausschließlich in Abhängigkeit von - der
Umwelt.

Die entwicklungspsychologisch so wichtige Xenophobie – Ambivalenz zwischen
aggressiver Abstoßung und neugieriger Anziehung - findet bei Freud keine Beachtung. Inwieweit seine *„zielgehemmte Zärtlichkeit"* bzw. *„zielgehemmte Regung"*
etwas zu tun haben könnte mit Sympathie, Empathie, reziprokem Altruismus, geht
für mich aus seinen Texten nicht klar hervor. [91 S.95]

Im Zusammenhang dieser seiner These von der Änderung der Machtverteilung von
Individuen auf Gruppen kommt Freud jedenfalls auf „Kultur" zu sprechen, darauf,
dass Kultur erst durch diese Umverteilung der Macht entstanden sei, eigentlich, dass
sie aus ihr als Basis entstehe:

Zum Kulturbegriff an sich

schreibt Freud: *„Schönheit, Reinlichkeit und Ordnung nehmen offenbar eine besondere Stellung unter den Kulturanforderungen ein. Niemand wird behaupten, dass sie
ebenso lebenswichtig seien wie die Beherrschung der Naturkräfte und andere Momen-
te"* [Freud spricht damit die Probleme der Beherrschung seiner selbst und des kon-
fliktbeladenen Umgangs mit den Anderen an]. Und weiter: *„Durch keinen anderen
Zug vermeinen wir aber die Kultur besser zu kennzeichnen, als durch die Schätzung
und Pflege der höheren psychischen Tätigkeiten, der intellektuellen, wissenschaftlichen und künstlerischen Leistungen ...".*[92] Auch an diesem Punkt meint Freud, dass
Kultur auch darin bestehe, die kulturellen Leistungen, kurz „die Kultur", mit Hilfe
der Macht der Gruppe zu schützen: *„Die Kultur muß also gegen den Einzelnen*

---

[91] S. Freud, z.B. Das Unbehagen in der Kultur, Fischer 1965 (orig. 1930), S. 92.
[92] S. Freud, Das Unbehagen in der Kultur, Fischer 1965 (orig. 1930), S. 89.

verteidigt werden und ihre Einrichtungen, Institutionen und Gebote stellen sich in den Dienst dieser Aufgabe". Die Frage, wer diese Kultur denn nun geschaffen habe, die dem Einzelnen Beschränkungen auferlegt, beantwortet Freud dann doch wieder mit dem *„Eindruck, daß die Kultur etwas ist, was einer widerstrebenden Mehrheit von einer Minderzahl auferlegt wurde, die es verstanden hat, sich in den Besitz von Macht- und Zwangsmitteln zu setzen"*. Letztlich sei es also nicht die Macht der Gruppe oder einer Mehrheit, sondern die Macht einer führenden Minderheit, die den Inhalt von Kultur diktiere. Hier hat sich also ein zweiter Widerspruch zur Wirklichkeit entpuppt, mit dem er sich gleichzeitig selbst widerspricht.

Kultur und kulturelle Evolution

Unabhängig von der Frage nach Macht und Unterdrückung kommt Freud jedoch zu einem bedeutenden und lehrreichen Schluss, der als Warnung zu verstehen ist: *„Es scheint vielmehr, daß sich jede Kultur auf Zwang und Triebverzicht aufbauen muß"*, weil *„in allen Menschen destruktive, also antisoziale und antikulturelle Tendenzen vorhanden sind und daß diese bei einer großen Anzahl von Personen stark genug sind, um ihr Verhalten in der menschlichen Gesellschaft zu bestimmen"*.[93] Damit ist das Verhalten von Massen angesprochen, deren Einzelne sich in einer Art Sozial-Hedonismus darin verständigen, dass Alle gemeinsam unter Umgehung der sozialen Gebote dasselbe wollen, nämlich deren Umgehung bzw. Übertretung, ein Vorgang, der auch in „Totem und Tabu" anklingt (siehe nächste Seite). Freud spricht damit eine wesentliche, autodestruktive Kraft in Massephänomenen an: kollektiven Egoismus, der letztlich nur dazu führen kann, dass diese sozial-hedonistische Masse wieder zerfällt, weil die Einzelnen beginnen, einander als Feinde bei der Erzielung ihrer egoistischen Bestrebungen zu sehen, eine Entwicklung, die in einem Chaos des Kampfes Jedes gegen Jeden enden muss. Genau an diesem Punkt greift mein Vorschlag an, als Lösung bzw. Prävention für die Erziehung auf das Prinzip einer „Ur-Ethik" zurückzugreifen, der goldenen Regel der Reziprozität. Sie darf nicht nur die Einsicht zum Verständnis der Lage des Gegenübers beinhalten sondern auch sondern auch dem des eigenen Nutzens daraus. Dadurch kann sich aus dem sozialen Zwang von außen eine selbstauferlegte Selbstbeschränkung entwickeln (s. S. 271). Kultur muss dann nicht mehr von Zwang und Verteidigung im Kampf gegen ihre eigenen Mitglieder leben, sondern kann sich als Ergebnis von „Kultivierung" im Sinne von Erziehung in eine friedliche Koexistenz im gegenseitigen Nutzen weiterentwickeln. In reziprokem Altruismus kann „Triebverzicht" zu selbstverständlichem Verzicht aus Einsicht und Empathie werden. Die Tatsache ggf., dass man diese Empathie als gespiegeltes Mitleid mit sich selbst erlebt – bewusst oder unbewusst – tut dem Ergebnis sozialen Friedens, der Empathie und des resultierenden Altruismus keinen Abbruch. Die Frage, ob diese Einsicht, die Verinnerlichung von Beschränkungen der Freiheit und ihre Formung zu „Selbstbeschränkung" tatsächlich im Freud'schen Sinn als „Über-Ich" stehen bleiben sollte, erinnert an den entscheidenden Unterschied zwischen herkömmlicher Erziehung und einer seit dem Zeitalter der Aufklärung neuen Form davon, die eine innere Autonomie bewirken soll. Herkömmliche Erziehung führt in die Vorstellung von einer implantierten äußeren Herrschaft, die im eigenen Inneren Macht ausübt und Angst auslöst,

---

[93] S. Freud, Die Zukunft einer Illusion, Fischer 1967 (orig. 1927), alle 3 Zitate S. 86-87.

der man gehorcht wie ein Kind. Die neue Erziehung zielt darauf, dass sich das Individuum seiner Gemeinschaft gegenüber als ebenbürtig fühlt, nicht als Untergebener, der diesen implantierten Gesetzen mehr oder weniger widerwillig gehorcht, oder sich widersetzt. An dieser Stelle trifft sich die Definition wieder mit Kants kategorischem Imperativ dort, wo die Einzelnen die Regeln des sozialen Zusammenlebens selbst repräsentieren, weil sie ihre eigene Abhängigkeit davon verstanden haben – oder ist die Erwartung solcher Einsicht eine ewige Illusion, der tatsächlich empfundene Schmerz der Strafe hingegen das einzige Korrektiv? Jedenfalls ist das Korrektiv „Gefängnisstrafe" nicht zielführend, weil dort die ursprünglich fehlende Resozialisierung nicht nachgeholt wird, stattdessen aber die Büßer eine Schulung in weiterführender, nicht selten endgültiger, Kriminalität erfahren. Bestrafung in Rachsucht weckt also wieder nur Rache. Stattdessen sollte auf beiden Seiten die Einsicht einkehren, dass Übertretung eines Verbots bei den Richtern die Genugtuung dafür auslöst, dass ihr eigener Drang zu solchen Taten unterdrückt bleiben musste – all dies meist im Unbewussten, wie Freud in Totem und Tabu vermutet:

" Die Angst vor dem ansteckenden Beispiel, vor der Versuchung zur Nachahmung, also vor der Infektionsfähigkeit des Tabu ist hier im Spiele. Wenn einer es zustande gebracht hat, das verdrängte Begehren zu befriedigen, so muß sich in allen Gesellschaftsgenossen das gleiche Begehren regen; um diese Versuchung niederzuhalten, muß der eigentlich Beneidete um die Frucht seines Wagnisses gebracht werden, und die Strafe gibt den Vollstreckern nicht selten Gelegenheit, unter der Rechtfertigung der Sühne dieselbe frevle Tat auch ihrerseits zu begehen. Es ist dies ja eine der Grundlagen der menschlichen Strafordnung, und sie hat, wie gewiß richtig, die Gleichartigkeit der verbotenen Regungen beim Verbrecher wie bei der rächenden Gesellschaft zur Voraussetzung".[94] Dazu wird an dieser Stelle der Ursprung des archaischen Mechanismus von Rache offenbar (mit dessen Kulmination in der Todesstrafe [A181]), ein Mechanismus, der zwischen Strafenden und überlebenden Bestraften durch die instinkthafte Reaktion darauf in einen nicht endenden Kampf mündet. Vielleicht wird es sich mit der Verurteilung und Bestrafung von Asozialität eines Tages verhalten wie mit der Diagnose und Behandlung von Krankheiten in der Medizin: an ihren Erscheinungen begannen die Mediziner zu ihren Ursachen vorzudringen, bis sie letztlich verstehen konnten, wie man diese Krankheit an ihrem Ursprung vermeiden kann – durch Prävention. An dieser Stelle sollte man sich dementsprechend eine asoziale Tat bereits als Racheakt des Täters für eine erlittene Benachteiligung oder Schmach vorstellen und dort die Ursache suchen, um sie beseitigen zu können. An solcher Psychoanalyse könnte man gleichzeitig entdecken, welche Erziehungsmethoden die Entstehung solcher asozialer Rache-Motivationen von vornherein verhindern könnten. Desgleichen ist es für die heutigen demokratischen Gesellschaften ratsam, Streiks nicht als bürgerliches Recht und ordnende Kraft anzusehen, und Unruhen sowie Aufruhr nicht nur als asoziale Untaten, sondern als Folgen einer fehlerhaften Gesellschaftsentwicklung. Fehleranalyse und Verbesserungen wären daher anzustreben, anstatt die Massen mit Wasserwerfern, Tränengas und Knüppeln zu vertreiben – kaum ein westliches Land ist in den letzten Jahrzehnten ohne solche Szenen geblieben.

---

[94] S. Freud, Totem und Tabu, Kap.II, S. 677, Gesammelte Werke, Anaconda Verlag 2014.

„ … dass es eine der Hauptbestrebungen der Kultur ist, die Menschen zu großen Einheiten zusammenzuballen".[95] Es ist interessant zu beobachten, wie sehr sich unsere Denkmechanismen als Projektion unserer Intentionen und Aktionen nach außen verraten: hier soll also Kultur der Ausdruck einer Art Naturgesetz sein, das eine Intention verfolgt. So unterstellen wir „der Natur" planende Absichten, wohl wissend, dass die Natur in Wahrheit jeweils nichts als die gegenwärtige Präsentation eines Prozesses ist, wie die Generation der Lebenden auf einem Korallenriff. Gegenwärtige Kultur ist also zwar ein *Ergebnis* von waltenden Kräften, nicht jedoch Folge einer Intention, welche diese Kräfte konkret verfolgten. Wir können nicht einmal erfassen, ob dem gesamten kosmischen Ablauf, nicht nur dem des Lebens, irgend eine Intentionalität unterliegt, oder ob er das zufällige Ergebnis eines Prozesses ist, dessen Grundregeln von den kosmischen Grundkräften, den Eigenschaften der Grundsubstanz von Materie und Energie diktiert werden; Gegebenheiten wären danach zwar die notwendige Folge der Wirkung dieser Grundkräfte, nicht jedoch die Folge konkreter Absichten dieser Kräfte. Unser freier Wille ist in diesem Zusammenhang unendliches Streitthema, weil sich auch unsere Entscheidungen letztlich auf die Wirkung dieser Ur-Kräfte oder gar Ur-Kraft zurückführen lassen.

Kultur und Zivilisation

Zur Unterscheidung zwischen den Begriffen „Kultur" und „Zivilisation" könnte man sagen, dass sich die Argumentation hierüber im Kreis bewegt; immerhin kann man die Definitionen in einzelnen Kulturkreisen als abhängig von der jeweiligen Kultur bzw. Zivilisation bezeichnen, und, auf welche Weise jeweils die eine der anderen gegenübersteht. Zum anderen bedingen die Entwicklungen der beiden Entitäten im Laufe der kulturellen Evolution, Kultur und Zivilisation, einander teilweise derart tiefgreifend, dass eine Unterscheidung in der Tat als willkürlich erscheinen kann. In diesem Sinne schrieb schon Freud in seinem Essay „Die Zukunft einer Illusion": *„Die menschliche Kultur – ich meine all das, worin sich das menschliche Leben über seine animalischen Bedingungen erhoben hat und worin es sich vom Leben der Tiere unterscheidet – und ich verschmähe es, Kultur und Zivilisation zu trennen …"*.[96]

Weiter über Sinn und Zweck von Kultur, und über Anfang und Ende des Kampfes zwischen Individuum und Gesellschaft:

Es scheint, dass diese Frage falsch gestellt ist, dass Leben mit Kommunikation beginnt, dem Ur-Baustein von Kultur, dass also Kultur jeweils nur sich selbst sein kann, als momentanes Ergebnis in einem Entwicklungsprozess zwischen Leben und Umwelt. Sicher, die Bewusstheit hat zu Fragen geführt, z.B. „welche Kultur wollen wir". Jedoch: haben Menschen je „Kultur gemacht" Sind wir nicht stets nur „Kultur geworden"? Freud stellt aber diese Frage: *„Es ist ja die Hauptaufgabe der Kultur, ihr eigentlicher Daseinsgrund, uns gegen die Natur zu verteidigen"*.[97] Gegen diese Feststellung sind zahlreiche Argumente vorzubringen: Erstens sagt Freud nicht, wen er mit „wir" bezeichnet - eine Ansammlung von beziehungslosen Individuen, eine Sippe, ein Volk, ein Volk von Stämmen, die einander bekämpfen? Einerseits sind wir ein Teil dieser Natur, andererseits kann jede fremde Sippe „Natur" im Sinne von

---

[95] S. Freud, Das Unbehagen in der Kultur, Fischer 1965 (orig. 1930), S. 96.
[96] S. Freud, Die Zukunft einer Illusion, Fischer 1967 (orig. 1927), S. 86.
[97] S. Freud, Massenpsychologie und Ich-Analyse, Fischer 1967 (orig. 1921), S. 95.

feindlicher Umwelt sein. Zweitens berücksichtigt Freud nicht, dass die Haupttriebkraft für „Zusammenkommen" aus der Sicht der biologischen Evolution zuerst die Fortpflanzung ist, bei der anfangs nicht klar zwischen Annäherung und Fressfeindlichkeit unterschieden wird, die Paarung also unter Lebensgefahr erfolgt, wie dies von manchen Insekten bekannt ist.

Drittens unterbleibt hier die Gesamtheit weiterer Gründe, deren Entstehung weit hinten in der Evolution liegt, die selbst mit dafür ursächlich sind, wie wir geworden sind. Umgekehrt gesagt waren wir niemals in unserer Geschichte in einer Lage und Zeit, da wir entschieden hätten, von jetzt an in Rotten zusammen zu leben, um besser überleben zu können. Auf diese Idee ist „das Leben schlechthin" schon wesentlich früher gekommen, tief drunten in der Evolution. Das Problem ist vielmehr, dass sich „die Natur" mit der „Entscheidung", unsere Bewusstheit und unsere Form des Zusammenlebens so werden zu lassen wie sie ist, selbst ein Problem geschaffen hat: denn der Kampf zwischen „Ich" und „Gesellschaft" auf der Ebene menschlicher Bewusstheit steuert einer tödlichen Klippe zu: immer weniger Menschen sind erforderlich, um eine immer größere Zahl von uns mit einem Schlag auszulöschen. Der einzige Ausweg wirkt wie ein Nadelöhr, durch das wir Menschen für unser Überleben schlüpfen müssen: es besteht aus der Lösung, unsere Denkkraft für Strategien zu nutzen, die verhindern, dass wir uns selbst auslöschen. Der Feind, gegen den wir uns dabei verteidigen, ist nicht in erster Linie die Umwelt, sondern wir selbst, als Individuen, und als soziale Individuen einander gegenüber.

Als komplizierende Faktoren zwängen sich in unserer jüngsten Ära der kulturellen Evolution dazu Entdeckungen wie die Fähigkeit, gezielte Mutationen zur Veränderung der Eigenschaften von Lebewesen einzusetzen (CRISPR-Cas 9);[98] Mutationen nicht mehr als Zufallsprodukt sondern als Folge eines Bewusstseinsprozesses, einer Erkenntnis und einer Zielsetzung – freilich muss man dabei bedenken, dass die Folgen solch „künstlicher Mutationen" für die künftige Weiterentwicklung nicht vorhersehbar sind; aber auch darauf kann jeweils wieder reagiert werden. Es muss daher scheinen, dass sich die Evolution des Lebens durch uns Menschen immer mehr einrollt in und um den Bereich unseres bewussten Denkens, dass sie immer mehr zur Folge von Erdachtem und immer weniger Folge des Zufalls wird – wenn auch weiterhin stets nur auf dem Vulkan der kosmischen Kräfte, denen wir weitgehend hilflos ausgeliefert bleiben, selbst wenn wir sie eines Tages verstanden haben sollten.

Wegen seiner Bewusstheit ist der Mensch sich selbst der größte Feind geworden, unabhängig von den kosmischen Mächten, der „Natur"; ja er plant sogar, solche kosmischen Kräfte gegen Seinesgleichen einzusetzen, um letztlich allein übrigzubleiben in einem Wahn.[E10]

E12   Ur-Vertrauen und soziale Bindungen

Zwischenmenschliche und gesellschaftliche Bindungen
aus der Sicht der Verhaltensforschung

a) Beziehung insgesamt, und Ur-Vertrauen in der Gesellschaft, basieren auf der Mutter-Kind Beziehung. Sie war stammesgeschichtlich - und ist auch heute in der Entwicklung des Individuums - der Kristallisationskern jedes Gesellschaftslebens.

---

[98] N. Carey, Hacking The Code of Life, Icon 2019, S. 29.

Unsere offensichtliche Neigung zu persönlichen Bindungen hat hier ihre Wurzel. Sie ist uns angeboren. Das menschliche Urvertrauen basiert auf der konstanten, verlässlichen Betreuung durch die Mutter oder eine andere Pflegeperson; Vernachlässigung oder wiederholter Wechsel verursachen das sog. „Verlassenheits-Syndrom". *„Normalereise lernt das Kind im Dialog mit der Mutter, daß immer jemand da ist, der es freundlich umsorgt und der seine sozialen Bedürfnisse ebenso wie die materiellen erfüllt. Es lernt als Grundhaltung die positive Einstellung, daß man sich auf Mitmenschen verlassen kann, eine Haltung, die Erikson als Urvertrauen bezeichnete. Dieses Urvertrauen ist der Grundpfeiler der gesunden Persönlichkeit. ... 'Kinder, die ohne Liebe aufwuchsen, werden zu Erwachsenen voller Hass', schreibt R. Spitz. Statt eines Urvertrauens bestimmt ein Urmißtrauen die Grundhaltung dieser Unglücklichen".*[99] Auch Konrad Lorenz weist darauf als mögliche Ursache des „sogenannten Bösen" hin: „ *..... wenn eine einzelne Gans sich in einer volkreichen Siedlung befindet, in der sie keine Triumphgeschrei-Partner hat. Erzeugt man diese traurige Sachlage absichtlich im Versuch, indem man ein einzelnes Gänseküken als „Kaspar Hauser" isoliert von Artgenossen großzieht, so beobachtet man ... eine Reihe von kennzeichnenden Störungen des Verhaltens ... die höchst bedeutsam denjenigen ähneln ... die René Spitz an hospitalisierten und eines ausreichenden sozialen Kontaktes beraubten Menschenkindern feststellte. ... trachtet, sich allen Außenreizen nach Möglichkeit zu entziehen".*[100]

Aus dieser ethologischen Forschung ist mittlerweile klar geworden, dass die von Freud postulierte Herkunft menschlicher Sozialbeziehungen ausschließlich von unserem Sexualleben nicht zutrifft.[101] Außerdem wird klar, dass mit Selbstverwirklichung in Freiheit und Autonomie der Mütter in liberal-demokratischen Gesellschaften immer mehr Nachkommen als Teil- oder Ganz-Verlassene aufwuchsen und weiterhin aufwachsen, versorgt von wechselnden Au-Pair- oder sonstigen Pflegepersonen, abgelegt in Kinder-Tagesstätten. Menschliche Gemeinschaft degeneriert auf diese Weise an ihren Wurzeln.

b) Dieses Urvertrauen resultiert letztlich im friedlichen Zusammenleben in der Gruppe: *„Gegenseitiger Beistand gewinnt ... in der Evolution der höheren Organismen eine immer bedeutendere Rolle".*[102] Eibl-Eibesfeldt spricht von uns Menschen als Wesen mit einer angeborenen Neigung zur Nächstenliebe – Jedenfalls kann man sagen, dass selbst die Xenophobie [103] diese Neigung mit ausdrückt. *„Die Potenzen zum Guten sind uns biologisch ebenso gegeben wie jene zur Selbstvernichtung".*[104]

c) Eine archaische menschliche Ur-Gesellschaft entstand aus der weiteren Entwicklung der Gruppenhierarchie bei vielen Tierspezies; zuletzt war und ist bei Menschenaffen auf der Basis differenzierter Instinkte und Verhaltensprogramme bereits eine Sozialstruktur mit einem weitgehend pro-sozialen Führer ausgebildet.[105] Geht man von der Beobachtung aus, dass auch unser menschliches Gesellschaftsleben

---

[99] I. Eibl-Eibesfeldt, Liebe und Hass. Piper 1991 (1970), S. 251.

[100] K. Lorenz, Das sogenannte Böse. DTV 2010 (1963), S.196.

[101] I. Eibl-Eibesfeldt, Liebe und Hass. Piper 1991 (1970), S. 177.

[102] I. Eibl-Eibesfeldt, Liebe und Hass. Piper 1991 (1970), S. 271.

[103] L.M. Auer, Mensch und Demokratie. LIT-Verlag 2021, S. 72ff.

[104] I. Eibl-Eibesfeldt, Liebe und Hass. Piper 1991 (1970), S. 272.

[105] L.M. Auer, Mensch und Demokratie. LIT-Verlag 2021, S. 103f.

noch weitgehend von spontanem, also instinktivem Verhalten geprägt ist, das auf diesen tierischen Entwicklungen aufbaut, so müssen wir feststellen, dass wir in einer bereits weitgehend und weiter zunehmend kranken Gesellschaft mit einer nicht mehr funktionierenden Führung unmündiger Menschenmassen leben. Den Zusammenbruch demokratisch-politischer Strukturen erleben wir, während ich diesen Text verfasse, mittlerweile schon im Tagesrhythmus: die USA, Großbritannien, zuerst Vorreiter der Demokratie, nunmehr als Vorreiter von deren Endstadium;[106, 107] weitere folgen auf dem Fuße.

Schon vor über 20 Jahren wiesen Sozialwissenschaftler auf die Desintegration der Gesellschaften in diesen Staaten und auf den Verfall sozialer Erwartungen ihrer Bürger hin. Darunter findet sich auch der Hinweis, dass sich die Menschen in diesem Prozess der Individualisierung längst von der Erwartung von Gleichheit, Freiheit und Brüderlichkeit verabschiedet haben und nunmehr einer Abwärtsspirale in einer Kettenreaktion folgen, die folgendermaßen beschrieben wurde: Je mehr Freiheit, desto weniger Gleichheit, desto mehr Konkurrenz, weniger Solidarität, mehr Vereinzelung, weniger soziale Einbindung, mehr Rücksichtslosigkeit.[108]

E13 Zur politischen Philosophie der Gleichheit

Die Mehrheitsregel ist mit "Gleichheit" unvereinbar, sagen Polit-Philosophen wie Christiano, der demonstriert,[109] wie sich Demokratie darin ad absurdum führt: seine Theorie von dem, was Brennan sein *"Argument des sozialen Konstrukts"** [110] nennt, ist eine philosophische Rekonstruktion der biologischen Wirklichkeit des Menschen, übertragen in die heutige Welt: das menschliche Individuum will und muss als gleichwertiges Mitglied Teil seiner Gesellschaft sein. Der Fehler in diesem Konstrukt ist, dass diese Gleichheit ein theoretischer politischer Zustand ist, dessen Relevanz von allen Kritikern der Demokratie bemängelt wird,[111] weil er einer Quadratur des Kreises gleichkommt. Im Lichte der biologischen Wirklichkeit der menschlichen Gesellschaft besehen, erscheinen philosophische Konstrukte wie *„liberales Verständnis von Freiheit"* *[112] oder Freiheit als *"Abwesenheit jeglicher Interferenz durch andere"** [113] als Gedankenexperimente weitab vom wirklichen Leben. Ideologisch gesehen will Demokratie die Selbstverwaltung durch selbstkontrollierte, vertrauenswürdige Leute sein. In Wirklichkeit ist sie jedoch um nichts mehr als ein System zur besseren gegenseitigen misstrauischen Kontrolle. Gleichheit, definiert von der Warte gleicher Macht bedeutet: niemand soll mehr über mir stehen – eine Nation von Königen und

---

[106] A.C. Grayling, Democracy and its crisis, Oneworld 2017.

[107] L.M. Auer, Mensch und Demokratie. LIT-Verlag 2021, S. 4ff.

[108] W. Heitmeyer, Das Desintegrations-Theorem, in: Das Gewalt-Dilemma, Hrsg. W. Heitmeyer, S. 46, Suhrkamp 1994.

[109] T. Christiano, The constitution of equality: democratic authority and its limits, Oxford Univ. Press 2008.

[110] J. Brennan, Against democracy, Princeton Univ. Press 2017.

[111] ebd

[112] P. Pettit, Freedom as antipower, Ethics 106, 1996, S. 576-604, ref. J. Brennan, Against democracy, Princeton Univ. Press 2017

[113] I. Berlin, Two concepts of liberty, in The proper study of mankind: an anthology of essays, Farrar, Strauss & Giroux 1998.

Königinnen in direkter Anlehnung an Platons Kritik.[A24] Brennan brachte diesen Aspekt mit folgenden zwei Fragen auf den Punkt: *"Warum soll diese Person dort jegliche Macht über mich haben?* und *"Wer machte diese Leute dort zu meinen Vorgesetzten?"*[114] Letztlich bezieht er sich auf die Worte von Peter Singer, der schreibt: *"... wenn die Leute darauf bestehen, dass die Dinge auf unterschiedliche Weise geregelt werden und jede Person in gewisser Weise ein Recht fordert, der Diktator über ihr gemeinsames Leben zu sein".*[115] Aus dieser Perspektive auf Gleichheit hat auch Freiheit eine schlechte Prognose, weil Gleichheit und Freiheit voneinander abhängen: *"Die Freiheit des Individuums ist eingeschränkt durch den Zwang, im Schritt mit den anderen zu gehen durch jegliche Maßnahmen, die Gleichheit fördern, angesichts der Tatsache dass Freiheit ein natürlicher Ungleichheitsförderer ist".*[116]

Das Argument, dass *" ... demokratische Entscheidungsfindung in Angelegenheiten gemeinsamen Interesses den Standpunkt jeder einzelnen Person respektiert, indem jeder eine gleiche Stimme hat betreffend Entscheidungen in Fällen von Uneinigkeit ... "*[117] trägt letztlich nicht, weil Beratung in der Regel nicht zu einer Einigung führt sondern zur Verteidigung des eigenen Standpunkts und zur Desintegration und Polarisierung der Gemeinschaft, solange „Einigung" nicht eine absolute Voraussetzung und Endpunkt dieser Debatte ist. *"Die Idee ist, dass die Gesellschaft auf eine Weise strukturiert sein soll, dass gleichzeitig die Interessen der Mitglieder dieser Gesellschaft gefördert werden. Und die Gleichheit der Mitglieder soll in einer Weise gefördert werden, die es jedem Einzelnen ermöglicht bestätigt zu sehen, dass sie in der Tat gleichberechtigt behandelt werden. Somit muss es in gleichem Maße eine Verbesserung der Interessen im Einvernehmen mit dem öffentlichen Maß dieser Interessen geben. Dementsprechend erfordert die Gerechtigkeit den gleichen Fortschritt von öffentlichen wie von Interessen der Mitglieder der Gesellschaft".*[118]

All dies findet in der wirklichen Welt der heutigen Demokratien nicht statt: die Armut nimmt stattdessen im Verein mit der weiteren Öffnung der sozialen Schere zu. Die Zurückgelassenen verlassen ihrerseits die Gesellschaft, indem sie sich weigern, zur Wahl zu gehen: im Durchschnitt 30%, in manchen Gegenden bis über 50%.

Ich kann auch Meinungen wie der von z.B. Jeanne Hersch [119] nicht zustimmen, dass die gegenwärtige Demokratie die bestmögliche Regierungsform sei, weil sie aus „*den Defiziten des menschlichen Wesens*" entstanden sei und es deshalb vor sich selbst schütze. Das Gegenteil davon erwies sich als richtig, wenn man beobachtet, wie Gesellschaften innerhalb der letzten 50 Jahre ihrer Existenz zerbrachen oder am Zerbrechen sind.[120] Auch betreffend Demokratie als Einrichtung zur gegenseitigen Erlaubnis, menschlichen Schwächen nachzugeben, scheint das Gegenteil der Fall zu

---

[114] J. Brennan, Against democracy, Princeton Univ. Press 2017, S. 140.

[115] P. Singer, Democracy and Disobedience, Oxford Univ. Press 1973. Ref. in Tom Christiano, Democracy, The Stanford Encyclopedia of Philosophy, REF. 82.

[116] A.C. Grayling, Democracy and its crisis, Oneworld 2017, S. 129

[117] http://www.bpb.de/175890/demokratie-geschichte-eines-begriffs

[118] ebd

[119] J. Hersch: Die Ideologien und die Wirklichkeit, Versuch einer politischen Orientierung. Piper 1958, ref. In M. Regensburger, Was ist eigentlich Ideologie?. Die Zeit, 07/17/1958, http://www.zeit.de/1958/29/was-ist-eigentlich-ideologie/

[120] L.M. Auer, Mensch und Demokratie. LIT-Verlag 2021.

sein; bedenkt man menschliche Schwächen, so trifft dasselbe auch für Chancengleichheit zu. Ich schätze jedoch ihre sympathische Ansicht betreffend die Chance auf *„freie Entwicklung natürlicher Ungleichheiten"*, auch deshalb, weil damit so eindeutig auf die Konfusion hingewiesen wird, die durch das Zusammenmischen von Gleichheit und Freiheit geschaffen wird: "Freiheit zur Ungleichheit" widerspricht dem gesamten politischen Credo und befreit das System in Richtung zu einem natürlicheren Konstrukt.[120] S.104 und S.277

E14 Von der ökonomischen Theorie zu Liberalismus und Neo-Pluralismus

Was von den modernen Demokratie-Theorien wurde eigentlich in der Real-Politik umgesetzt? Beeinflusst die Politologie die Politik, oder ist sie nur eine akademische Disziplin ohne Einfluss auf die Wirklichkeit?

Zu "Gemeinwohl" und "Volkswille" bei Joseph Schumpeter

Zunächst ist in der Tat Schumpeter zuzustimmen, dass es die Existenz eines „Gemeinwohls" auf der Basis des „Volkswillens" nicht geben könne, weil sich die Debatte stets in divergierenden Gruppen- und Partikularinteressen verliere,[121] weil in der Tat kaum je ein ganzes Volk einer Meinung ist, Überdies kann es einen „Volkswillen" schon von vornherein nicht geben: denn „Wille" wird als Bewusstseinsakt verstanden, der seinerseits einem Gehirn entspringt – wo aber hätte das Volk sein Gehirn? [A6] Stattdessen könnte man aber „Gemeinwohl" als „Summe der zwingend gemeinsamen Interessen" definieren, die dann zunächst lediglich die fundamentalen menschlichen Bedürfnisse beinhalten. Dazu gehört, dass man nicht einander die Luft in krankmachender Weise verpestet, das Wasser abgräbt, ausbeutet, betrügt, benachteiligt ...
Es scheint, als benötige man zur Definition von „Gemeinwohl" zuerst eine gemeinsame Ethik, die gleichzeitig Basis und Nährboden der Kultur ist, oder gar, dass sich mit einer Ethik der gleichen Würde und Rechte die Frage nach einem Gemeinwohl erübrigt, weil die Ethik das Gemeinwohl schützt, soweit es die Umwelt und die evolutionären (genetischen) Voraussetzungen zulassen.

Rousseau setzte das Gemeinwohl dem Allgemeinen Willen gleich.

Bedeutet gemeinsame Sicherheit, Wohlbefinden und individueller Freiraum, Zufriedenheit zumindest der Mehrheit, wenn nicht Aller – der größtmöglichen Zahl, wie John Stuart Mill es ausdrückte? Bemühen um das Gemeinwohl bedeutet jedenfalls Rücksicht auf Sicherheit und Wohlbefinden aller Anderen in Gegenwart und Zukunft.

Zur Fundamentalen und Liberalen Demokratie bei Ralf Dahrendorf

Wenn man, wie Ralf Dahrendorf, soziale Konflikte als den Normalfall bezeichnet und Freiheit vor Gleichheit den Vorrang einräumt, dann bleibt die Frage nach dem Inhalt der in Rede stehenden Konflikte: wenn es dabei um die Verteidigung der eigenen Interessen geht, dann hat diese Gesellschaft ein ethisches Problem, nämlich einen Defekt in ihrer fundamentalen Ethik, einer Lehre aus der Erkenntnis von gegen-

---

[121] J.A. Schumpeter, Kapitalismus, Sozialismus und Demokratie 1950 (1942), zit. von P. Massing, in P. Massing, G. Breit, H. Buchstein Hrsg., Demokratie-Theorien, Wochenschau Verlag 2017, S. 224.

seitiger Abhängigkeit, von Anspruch, Gefühl für Respekt und Würde. Wenn auch die Erwartung von einem Leben ohne Konflikte nicht realistisch ist, so reduzieren diese sich dennoch auf einen kleinen Rest, der jedenfalls keinen Streit um Anspruch auf Würde mehr beinhaltet – Freiheit ohne ein großes Maß an Gleichheit ist eben doch nicht konfliktarm möglich, vor allem aber nicht fair. Dass Schicksal und Umwelt Konflikte wegen unvorhersehbarer Konstellationen hervorrufen können, ist eine andere Sache, eine externe im Gegensatz zu internen Konfliktquellen.

Dass es eine Ethik gibt, ist nicht gleichzusetzen mit einer harmonischen, statischen und in sich geschlossenen Gesellschaft. Oder meint man, Aussagen in Grundgesetzen wie „die Würde des Menschen ist unantastbar" seien jederzeit für deren Infragestellung und Aufgabe offen? – Wahr ist, erschreckend wahr, dass diese Art von Offenheit heute gleichzeitig entrüstet verneint und hinterrücks im Alltag praktiziert wird: Abtreibung und Altenpflege spielen hier die Rolle der ethischen Seismographen, Gen-Manipulationen sind danach nur noch Erscheinungen von sekundärer Bedeutung. Ein ethisches Fundament steht – gleich ob religiös oder säkular eingebunden – nicht für soziales Gerangel zur Verfügung, oder diese Gesellschaft bewegt sich ihrem Untergang entgegen. Bei allem Vorzug der Freiheit muss also Gleichheit der Würde eine statische Voraussetzung sein.

Ich kann nicht erkennen, wie die Durchsetzung bürgerlicher Gleichheit und die Anerkennung sozialer Konflikte als Grundvoraussetzung für ein soziales System wie die liberale Demokratie nicht einen Widerspruch darstellen soll: soziale Konflikte drehen sich seit Jahrtausenden um bürgerliche Ungleichheit, um Unterdrückung, Ausbeutung, Neid, Betrug, kurz um die Durchsetzung asozialen Verhaltens der Einen gegenüber den Anderen, deren Anfechtung und damit die Konflikte darum. Hier wird erklärt, dass liberale Demokratie ohne gemeinsame ethische Basis eben nicht funktionieren kann. Die Gegenwart ist hierfür Fanal genug.

Schon wenn „Bürgerliche Gleichheitsrechte" das Fundament eines gesellschaftlichen Gebäudes darstellen sollen, kann „Freiheit" nur noch durch diese „Gleichheit" fundamental eingeschränkt sein, muss „Gleichheit" den Vorrang vor „Freiheit" haben, muss Gleichheit die Grundform des sozialen Gebäudes bestimmen, denn wie soll ein Gebäude außerhalb seiner Fundamente stehen, und wozu sollte ein Fundament denn sonst dienen? Wenn eine Elite nun als Dach stehen soll, dann sprechen wir von einem Gesellschaftssystem, das die Unmündigkeit seiner Bürger verwaltet, statt sie zur Mündigkeit und Teilnahme zu erziehen. Der *„apathische Staatsbürger, der nicht zur Wahl gehe, keine Zeitung lese, keiner Partei angehöre und sich nicht für Politik interessiere ..."* [122] ist die Folge. Woher sonst als von seiner Erziehung soll ein in Freiheit aufgewachsener Wähler von seinem Auftrag wissen, wenn er nicht zum Bürger erzogen worden ist?

Ernst Fraenkel, Begründer des Neo-Pluralismus, schrieb: *„Für den Bereich der Politikwissenschaft möchte ich Pluralismus provisorisch als eine Demokratietheorie definieren, die in der Koexistenz und freien Entfaltung einer unbestimmten großen Zahl von Gruppen die geeignete Methode erblickt, mittels einer nicht abreißenden Kette von Kompromissen zu regieren. ... Unter zusätzlicher Verwendung des normativen*

---

[122] R. Dahrendorf, Fundamentale und liberale Demokratie, zit. von P. Massing in P. Massing, G. Breit, H. Buchstein Hrsg., Demokratie-Theorien, Wochenschau Verlag 2017, S. 253.

Elements sollte in einer abschließenden Definition des Pluralismus zum Ausdruck gelangen, daß der Pluralismus den Erfordernissen einer demokratischen Staats- und Gesellschaftstheorie nur dann genüge tut, wenn diese Gruppen 1. Frei und autonom sind; 2. Im Einklang mit unverbrüchlich geltenden Verfahrensvorschriften am Prozeß der politischen Willensbildung teilnehmen; 3. Ihre Beziehungen zueinander unter Beachtung eines generell als bindend anerkannten Wertkodex regeln; 4. bestrebt sind, durch den Abschluß von Kompromissen dem Gemeinwohl zu dienen".[123] Provisorisch muss diese Theorie bleiben, solange ein „Wertkodex" keine fundamentale Ethik beinhaltet, nicht nur theoretisches Bekenntnis, sondern Gegenstand und Inhalt der Erziehung der Bürger. Es ist auch nicht klar, was genau unter der „politischen Willensbildung" zu verstehen ist bzw. inwieweit diese mit dem vielfach verwendeten Begriff „Volkswillen" verschränkt, ob damit also der Wille von Individuen oder von Gruppen gemeint ist. Darüber hinaus sind nicht alle Gruppen in den heutigen westlichen Demokratien autonom und können dies in einem Rechtsstaat mit an unterschiedliche religionsethische Vorgaben gebundenen Gruppen auch nicht sein, solange sie nicht auch territorial autonom sind. Die Situation in den USA heute, mit dem anhaltenden Rassismus-Problem und dem kalten Krieg zwischen Republikanern und Demokraten – ähnlich auch in Großbritannien, zusammen mit ihrer Zeitgeschichte der letzten 50 Jahre, entzieht der Theorie die Hoffnung auf Langlebigkeit. Der Neo-Pluralismus bleibt eine Reaktion auf den Totalitarismus der ersten Hälfte des 20. Jh. in Europa. Die Neue Demokratie muss auf einem von Grund auf neuen Fundament stehen,[124] nicht auf dem einer Negation des Totalitarismus. Auch wenn Fraenkel den Anspruch erhebt, sein Neo-Pluralismus sei am Menschen ausgerichtet, wie er ist, und von seinen Eigeninteressen geleitet, so trifft der Verweis auf Rousseau vom primär guten und nur durch die Gesellschaft verderbten Menschen von vornherein nicht den Kern der Sache, weil der Mensch nicht *„von Natur aus gut [ ], durch die Gesellschaft aber vom Eigennutz verderbt [ ] "* [125] ist, sondern ohne Gesellschaft erst gar kein Mensch hätte werden können, weder gut noch verderbt. Danach ist er primär als soziales Wesen eingebunden in ein evolutionär gewachsenes hierarchisches System, aus dem er, zur Eigenbewusstheit erwacht, aus unterschiedlichen Motiven ausbrechen kann: er kann sich ebenso vorwiegend eigennützig wie vorwiegend pro-sozial positionieren. Politische Theorien müssen also dringend von historischen Anthropologie-bezogenen Modellen Abstand nehmen und sich stattdessen an human-ethologischen, psychologischen und soziologischen Erkenntnissen orientieren.

Dass es kein Gemeinwohl a priori gäbe,[126] muss als allgemeingültige Erklärung in Frage gestellt bleiben – im Gegensatz zu „Volkswillen", den es in der Tat nicht geben kann: die ursprüngliche Kleingruppe, Familie oder Sippe, existierte wohl seit hunderttausenden Jahren auf der Basis eines Gemeinwohls als zentralem Interesse, von pro-sozial gestimmten Führern dominiert wie schon bei Affen wie Pavianen, nicht erst bei Menschenaffen.[A104] Erst für größere Menschengruppen gilt, dass sie

---

[123] E. Fraenkel, Deutschland und die westlichen Demokratien, Nomos 2011 (1964), S. 348.

[124] L.M. Auer, Mensch und Demokratie. LIT-Verlag 2021, S. 303ff.

[125] P. Massing, Ernst Fraenkel, in P. Massing, G. Breit, H. Buchstein Hrsg., Demokratie-Theorien, Wochenschau Verlag 2017, S. 261.

[126] ebd, S. 262.

ohne einen „intellektuellen" Sozialkontrakt nicht auskommen, dass sie eine gemeinsame ethische Basis suchen und auch Kompromisse finden müssen. Die erste solche Basis ist wahrscheinlich die Religion. Daraus resultiert, dass die heutigen pluralistischen Gesellschaften des Westens erst dann in ein dauerhaftes Stadium eintreten können, wenn sie sich auf eine gemeinsame, wahrscheinlich säkulare, Ethik als Fundament des Sozialkontrakts geeinigt haben. Bis dahin wird räumliche Trennung der autonomen Gruppen die einzige Möglichkeit für eine friedliche Koexistenz im Intervall die einzige praktikable Lösung bleiben.

Ich postuliere hier: die politische Wirklichkeit für ein dauerhaftes friedliches Sozialsystem spielt sich in einem Spannungsfeld zwischen statischer Ethik und ständig neu zu definierendem Gemeinwohl ab.

Der Aussage von Peter Massing: „ *... bei aller Kritik und bei durchaus vorhandenen Defiziten der Theorie, eine überzeugende Alternative zur pluralistischen Demokratie ist bis heute noch nicht entwickelt worden*" [127] stelle ich meine eigene, provisorische Theorie eine Neuen Demokratie in Form einer „Volks-Epistokratie" [128, E35] auf der Basis einer Neuen Ethik mit reziprokem Altruismus [128] gegenüber.

Allerdings kann die Arbeit von A. Lijphart (*1936) als Ergänzung angesehen werden, denn beide von ihm gegenübergestellten Systeme sind pluralistisch (s. S. 4). Meine Kritik prima facie der Konsensus-Demokratie habe ich im Buch auf S. 227 erwähnt. Die Kardinalfrage aber ist, worauf sich – beide – Formen der Demokratie einigen werden: ohne Ethik zur Wahrung des Gemeinwohls werden beide den kurzfristigen Vorteil suchen und anstreben – und ihre langfristige Existenz aufs Spiel setzen.

Die empirischen Theorien bzw. Theorieanteile scheinen zu missachten, dass die Funktionalität von Demokratie von der Erziehung der Bürger abhängt. Die Analyse eines Systems beschreibt also letztlich nur die Folgen der Qualität seiner Erziehung, z.B. also auch keiner Erziehung – Colin Crouch wies mit seiner „Postdemokratie" darauf hin, wie schnell sich, entsprechend Kants Sorge um die Mündigkeit der interessensumschwirrten Bürger, Politik und Wirtschaft um die „Erziehung" zu willenlosen Konsumenten von Parteiprogrammen und Produkten bemühen, im kurzsichtigen Eigeninteresse und im Interesse des danach drohenden Untergangs von Demokratie. Die empirischen Theorien lassen also unberücksichtigt, dass sich der „Volkswille" nur aus den Erwartungen der einzelnen zusammensetzen kann, und die wiederum von der Erziehung abhängen, die ihnen ihre Kultur angedeihen ließ. Was in einer Demokratie zu erwarten ist, oder überhaupt in einer Gesellschaft, ist also nicht Ausdruck der „Natur des Menschen", sondern vor allem auch Folge der Erziehung. Wer also von den Menschen nichts erwarten will, braucht sie nur nicht zu erziehen – die Geschichte der USA seit dem Sieg der „Federalists" ist ein Beispiel – und wurde es leider auch für Europa. Die „Natur" ist der Begriff für instinktives Individual- und Sozialverhalten. „Zeitgeist", „politische Korrektheit" einer Ära, sind hingegen abhängig von Manipulation und von wenig erforschten Faktoren.

---

[127] P. Massing, Ernst Fraenkel, in P. Massing, G. Breit, H. Buchstein Hrsg., Demokratie-Theorien, Wochenschau Verlag 2017, S. 264.
[128] L.M. Auer, Mensch und Demokratie. LIT-Verlag 2021, S. 312ff.
[129] ebd, S. 268ff.

Unitarismus lässt im Gegensatz zum Föderalismus wahrscheinlich wenig Subsidiarität zu: in USA bleibt den Staaten eine gewisse Autonomie, in UK nur den Gemeinden.

Insgesamt befassen sich die Autoren vorwiegend mit der Kontrolle von Macht durch einander kontrollierende Systeme, Parteien und Institutionen (Machtdispersion und Machtkonzentration),[130] nicht aber mit dem Ursprung des Machtproblems in Gesellschaften, nämlich den Eigenschaften des Individuums und dessen Erziehung zur Kontrolle von Machtmissbrauch und anderen asozialen Verhaltensformen.

E15 Kants kategorischer Imperativ

Von Moralität, Rationalität, Recht und Unrecht, und von der Falle der Toleranz-Paradoxie für jeglichen Anspruch auf Universalität.

„Moral" ist Teil des Sozialkontrakts bzw. überhaupt dessen Gegenstand und Inhalt, ein Verhaltenskodex also, sei er geschrieben oder ungeschrieben. Demnach müsste „das Gesetz" eine in möglichst alle Details ausbuchstabierte Fassung dieses Sozialkontrakts, der „Moral" eines Volkes darstellen. Kants Vorschlag und Anspruch [131] besteht nun darin, dass - in seinem Sinne - aufgeklärte Individuen [132] dieses Volkes die Inhalte dieses Verhaltenskodex wie selbstverständlich in sich tragen, in selbstauferlegtem reziprokem Altruismus,[133] ihn selbst repräsentieren, wie das wandelnde Gesetz, und ihrer Würde wegen auch gar keinem als diesem eigenen unterworfen werden können.[134] Die Frage bleibt dabei nur, für welche Sachverhalte dieser Anspruch überhaupt gelten kann, nämlich, dass alle aufgeklärten Menschen sie in identer Form in sich tragen; und umgekehrt, für welche Sachverhalte dies nicht und niemals gelten kann, weil die individuellen Umstände so sehr mit der handelnden bzw. entscheidenden Person verquickt sind, dass nur eine individuelle Entscheidung resultieren kann, nicht aber eine bis in jedes Detail allgemein gültige.

An dieser Stelle bleibt bei Kants kategorischem Imperativ in der Tat das Problem ungelöst, dass dieses "allgemeine Prinzip", zu dem eine Person ihre Handlung erheben zu können meint, die Meinung dieser einen Person bleibt, die theoretisch aus tiefster Überzeugung handelt und entscheidet, in der Meinung, richtig zu handeln, damit aber Andersmeinenden Schaden zufügen könnte. Tatsächlich aber meint Kant, dass eben all jene anderen Meinungen in die Entscheidung mit-einfließen sollen. Wie ein einzelner Mensch an all dieses Wissen kommen, wie er also letztlich konkret entscheiden können soll, bleibt Kant schuldig. Der Imperativ bleibt jedoch unter den folgenden drei Voraussetzungen als allgemeines Prinzip gültig:

---

[130] Ph. Harfst, Arend Lijphart, in P. Massing, G. Breit, H. Buchstein Hrsg., Demokratie-Theorien, Wochenschau Verlag 2017, S. 272.

[131] Immanuel Kant, Grundlegung zur Metaphysik der Sitten, AA IV, S. 421, Reclam S. 68, *"Der kategorische Imperativ ist also nur ein einziger und zwar dieser: handle nur nach derjenigen Maxime, durch die du zugleich wollen kannst, daß sie ein allgemeines Gesetz werde."*

[132] Immanuel Kant, Was ist Aufklärung?, Berlin. Monatsschr., 1784, 2, S. 481–494.

[133] L.M. Auer, Mensch und Demokratie. LIT-Verlag 2021, S. 297.

[134] Immanuel Kant, Grundlegung zur Metaphysik der Sitten, Weltweisheit zur Metaphysik der Sitten, S. 434, Reclam S. 87.

Erstens muss man akzeptieren, dass es in einer Entscheidungssituation eines Individuums – und davon spricht Kant – nur um die Möglichkeiten dieses Individuums gehen kann, nicht um eine theoretische Instanz wie „das Gesetz", das in dieser individuellen Situation eben gerade nicht greifen könnte.

Zweitens muss allerdings dieses Individuum nicht nur die eigene Meinung und Überzeugtheit berücksichtigen, sondern auch die Meinung und Überzeugtheit dieses oder dieser Anderen, die von dieser Entscheidung betroffen sind – es wäre ansonsten ja kein allgemeines Prinzip sondern ein Prinzip, das man den anderen aufzwingt. Einerseits stimme ich hier mit Habermas überein (siehe auch weiter unten),[135] andererseits aber hängt diese Forderung von den individuellen Umständen einer Entscheidungssituation ab; man denke nur an eine Notfallsituation, in der sofortiges Handeln zwingend erforderlich wäre.

Drittens kann dieses „allgemeine Prinzip" nur für konkret vergleichbare Situationen geltend gemacht werden (man darf hier mit Augenzwinkern am Rande erwähnen, dass es ohnehin kaum zwei gleich geartete Lebenssituationen gibt).

Es kann sich also nicht um ein „allgemeines Prinzip" im Sinne eines Gesetzes handeln, das für alle oder eine große Vielzahl von Einzeltatbeständen anwendbar wäre. - Verurteilung auf der Basis eines Gesetzes, also des Sozialkontraktes bzw. des kategorischen Imperativs, ist aus moralischer Sicht nur möglich, wenn die Übertretung unzweifelhaft im Bewusstsein des Akteurs stattgefunden hat; hier jedoch ist davon die Rede, ob eine vermeintlich moralisch richtige Handlung überhaupt jemals allgemeinen Charakter im Sinne des kategorischen Imperativs annehmen kann. Würde Kant seiner Beschreibung eine Liste aller allgemeinen Prinzipien beigelegt haben, die Menschen auf der Welt bereits erhoben haben können, so müsste diese Liste so gut wie alle Gewissensentscheidungen beinhalten, die jemals von Menschen getroffen wurden, weil es keine zwei gleichgearteten gibt. Die Tatsache, dass kein Mensch sämtliche Einflussfaktoren kennen kann, die sein Tun beeinflussen könnten, spielt dabei keine Rolle, weil es um die Frage geht, ob und wann der Mensch moralisch richtig handelt. Sie bleibt an der Frage hängen, was in einer gegebenen Situation menschenmöglich und zumutbar ist. Daher kehrt sich hier die Situation wieder um zu dem Akteur bzw. Entscheider, nach bestem Wissen und Gewissen in reziprokem Altruismus [136] zu handeln. Menschenmöglich ist dabei lediglich, was der Mensch in diesem Entscheidungsmoment oder -zeitraum zu wissen, zu erfassen und zu verarbeiten vermag: der Mensch kann sich in die Lage seines oder seiner Gegenüber versetzen und in Empathie tun, was der Gleichwertigkeit des oder der Anderen entspricht; er kann und muss auch sein Handeln vorausplanend kontrollieren (als Hinweis auf asoziales Handeln unter Einfluss von Drogen. Umgekehrt ist das grobe allgemeine Beurteilungsprinzip „Unwissenheit schützt vor Strafe nicht" Ausdruck nachgerade einer Rachejustiz a priori).

Die individuelle Entscheidung ist es, die als allgemeines Prinzip zu werten ist, nicht die Folge der Entscheidung ohne Berücksichtigung der Gründe für diese individuelle Entscheidung. Das Prinzip selbst wird dadurch nicht zum allgemeinen Prinzip für alle Anderen, sondern nur für alle anderen identen Entscheidungssituationen.

---

[135] J. Habermas, Moralbewusstsein und kommunikatives Handeln, Suhrkamp 1983, S. 77
[136] L.M. Auer, Mensch und Demokratie. LIT-Verlag 2021, S. 271ff.

Auf diese Weise, und nur auf diese, schafft auch Kants kategorischer Imperativ Gleichheit in der Wertigkeit des Einzelnen durch Reziprozität, und damit ein allgemeines Prinzip des Handelns in Balance zwischen Eigeninteresse und Gemeinwohl. Es wird zum Handlungsprinzip des ethischen Grundsatzes von „Gleichwertigkeit" (Äquivalenz).

Diesbezüglich trägt also die Kritik Hegel's nicht,[137, 138] wonach Kant's Imperativ nichts als Beliebigkeit reflektiere. Die „Umformulierung", die Jürgen Habermas daran vornimmt, setzt wieder einen vorbestehenden „Soll-Menschen" voraus und droht in einen neuen Despotismus zu führen; denn es gibt keine universal von allen Menschen vollinhaltlich akzeptierte Ethik für jegliche Lebenslage – hier trifft sich Habermas bei Rousseau's „Allgemeinem Willen": *Der kategorische Imperativ bedarf einer Umformulierung in dem vorgeschlagenen Sinne: Statt allen anderen eine Maxime von der ich will, dass sie allgemeines Gesetz sei, als gültig vorzuschreiben, muss ich meine Maxime zum Zweck der diskursiven Prüfung ihres Universalitätsanspruchs allen anderen vorlegen. Das Gewicht verschiebt sich von dem, was jeder (einzelne) ohne Widerspruch als allgemeines Gesetz wollen kann, auf das, was alle in Übereinstimmung als universale Norm anerkennen wollen".*[139]

Nur wenn – welches allgemeingültige Regelwerk auch immer – auf der Basis der Einschätzung der individuellen Situation eines Ereignisses oder einer Tat angewendet wird, im guten Willen und unter Berücksichtigung des Umgangs mit den biologischen Gegebenheiten des Menschen, ist eine universale Norm als Ergebnis einer diskursiven Prüfung praktikabel. Ohne diese voraussetzende Einschränkung auf das Individuum würde Kants kategorischer Imperativ ebenso wie jegliche „goldene Regel" praktisch „in der Luft hängen", wie Norbert Hoerster es ausdrückt.[140]

Hans Jonas erweitert Kant's Imperativ um den Faktor Zeit, also die Rücksichtnahme auf künftige Generationen: [141] heute würde man von „Nachhaltigkeit" oder „Zukunftsfähigkeit" sprechen. Für meine Kritik von Freud's Meinung siehe [A273].

Als Ergebnis dieser Überlegungen komme ich letztlich zu dem Schluss, dass es einerseits zwar ein Gesetz geben muss, als allgemein gültige Regel für das richtige Verhalten in einer Situation, dass dieses Gesetz aber für viele Situationen notwendig ungerecht sein muss, weil es in seiner Position zwischen leicht einsichtigen allgemeinen Regeln und solchen, die tief in das individuelle Beziehungsgeflecht des Handelnden / Entscheidenden reichen, nicht „selbsttätig" als Entscheidungsinstanz fungieren kann sondern vielmehr der Interpretation durch einen Richter bzw. durch Senat, Schöffen und Geschworene bedarf. Diese subjektive Einschätzung der individuellen Lage des Akteurs oder „Täters" geschieht aus der Sicht einer äußeren Welt, ohne die tatsächliche Einsicht in die individuelle Beziehungsgeflechte des Beurteilenden, und

---

[137] G.W.F. Hegel, Phänomenologie des Geistes, Reclam 1988.

[138] Wohl aber hinsichtlich Kants Argument gegen den Vergleich mit der „Goldenen Regel" (siehe Immanuel Kant, Grundlegung zur Metaphysik der Sitten, Zweiter Abschnitt, S. 429, Reclam S. 80), und Hegels Kritik einer Tautologie (siehe L.M. Auer, Mensch und Demokratie. LIT-Verlag 2021, S. 272.)

[139] Jürgen Habermas, Moralbewusstsein und kommunikatives Handeln, Suhrkamp 1983, S. 77

[140] Norbert Hoerster, Ethik und Interesse, Reclam 2003.

[141] H. Jonas: Das Prinzip Verantwortung. Versuch einer Ethik für die techno-logische Zivilisation, Suhrkamp1984.

wird deshalb zur Quelle fundamentaler Irrtümer bzw. von Reaktionen, die sodann zwar den Namen „Urteil" erhalten, jedoch nicht mehr der rechtsphilosophischen Idee des Gesetzes entsprechen, sondern einem Rachegefühl, einer Fehleinschätzung des zu Beurteilenden oder einer Fremdbeeinflussung wie den Medien oder anderer Personen im Umfeld der „Richter". Selbst wenn es sich um einfaches, klares Verbot oder Gebot handelt, das übertreten wurde, geht es nicht nur um den Tatbestand an sich, sondern es geht um die Entscheidungssituation des zu Beurteilenden.

Da eine Sicht von „richtig" oder „falsch", recht oder unrecht, niemals ohne Einschränkung als allgemeingültig erklärt werden kann, ist auch jeglicher universalistische Anspruch von vornherein ungerechtfertigt – abgesehen davon, dass ein solcher Anspruch sich selbst widerspricht, wenn er von einem Standpunkt der Toleranz aus erhoben wird: denn er fällt dem Paradox der Toleranz zum Opfer,[142] sobald er aus Überzeugung gegen Intoleranz selbst intolerant wird.

Auf die Grenzen von Universalismus bis hin zu einer „Diktatur der Menschlichkeit" gehe ich im Buch auf S. 126 ein.

E16 Herbert Marcuse, die Demokratie und ihr sado-masochistisches Syndrom

Die Nicht-Herrschaft des Volkes wird verstärkt durch nicht-demokratische Manipulationsbemühungen der demokratisch gewählten Politiker, die ihrerseits wieder vom Volk selbst in die Rolle nicht-demokratischer Führerfiguren gedrängt und gleichzeitig irrationalen Launen folgend wieder fallen gelassen werden. Auf diese Weise erzwingt Demokratie Mediokrität, abnehmende individuelle Urteilskraft und soziales Chaos. Marcuse's Worte hierzu: *„Das Erkennungszeichen der Demokratie – Herrschaft des Volkes … – nimmt jetzt die Form einer umfassenden Identifikation der Menschen mit denen an, die sie regieren – das ist die Karikatur demokratischer Souveränität. Rousseau wird auf den Kopf gestellt. … Die bürgerliche Demokratie hat eine angemessene Instinktgrundlage für ihre aggressive und destruktive Entwicklung gefunden"*.[143] Diese Umkehr erscheint so widersinnig wie sie ist – eben eine jener dem Funktionssystem „Demokratie" eigenen Methoden der Selbstzerstörung: das Volk entledigt sich seines Regenten, nur um gleich danach einen Führer zu küren, der ihm sagt, was es will (Kant hatte voll der Sorge darauf hingewiesen [144]); Napoleon ist eines der markanten Beispiele der Geschichte. Im Unterschied zu Canetti,[145] der sich mit der Psyche der Führerperson auseinandersetzt, analysiert Marcuse das Zusammenspiel zwischen Führer und Masse und beschreibt es in Anlehnung an Freud und Fromm als mysteriöse sado-masochistische Beziehung zwischen den Individuen einer Masse, in ihrer Gesamtheit „den Beherrschten", und ihrem Herrscher:

Das sado-masochistische Syndrom der liberal-demokratischen Gesellschaft

Diese Beziehung nennt er auch *„triebgebundene Wurzeln der Identifikation der konformistischen Bevölkerungsmehrheit". „In Begriffen des „dialektischen Materialismus"*

---

[142] L.M. Auer, Mensch und Demokratie. LIT-Verlag 2021, S. 122.
[143] H. Marcuse, Das Schicksal der bürgerlichen Demokratie, REF. 202, S. 148.
[144] Immanuel Kant, Was ist Aufklärung?, Berlin. Monatsschr., 1784, 2, S. 481–494, S. 481.
[145] Elias Canetti, Masse und Macht, Claassen 1960.

haben wir es mit einer der Vermittlungen zwischen Basis und Überbau, das heißt mit einer der Formen zu tun, durch die sich die Gesellschaftsstruktur in den Individuen reproduziert. Zwischen dem Faschismus und dem sado-masochistischen Charakter herrscht eine enge Verwandtschaftsbeziehung".[146] Darüber, dass sich die politischen Führer in der modernen liberalen Demokratie in der emotionalen Beziehung ihrer Wähler im Grunde nicht von Führern in einem faschistischen System unterscheiden, schreibt Marcuse: *„ ... daß es nicht darauf ankommt, ob sie lügen oder die Wahrheit erzählen, was sie versprechen und nicht halten: Korruption und Täuschung auf höchster Regierungsebene verursachen nicht viel Kopfzerbrechen ... . Alle diese Dinge wiederholen nur im Großen, was sich tagtäglich im Kleinen vollzieht, was den Charakter dieser Gesellschaft ausmacht – wenn die Politiker sich unbeschädigt aus der Affäre ziehen können, beweisen sie nur ihre Tüchtigkeit im Konkurrenzkampf. Die Verbrechen der Regierung sind nur Verbrechen, wenn man sie von einem „äußeren", moralischen Standpunkt aus betrachtet – ansonsten sind es Erfordernisse nationaler Sicherheit, freien Unternehmertums, der Selbsterhaltung usw"*.[146] Auf dieser Erkenntnis basiert ja auch die Aussage von John Keane, dass wir Demokratie innerhalb jedes Individuums brauchen (s. S. 256), nicht als politisches Gerüst außen.

Oskar Negt hebt besonders hervor, dass Marcuse einer von wenigen Demokratie-Theoretikern war, dem es zeitlebens ein Anliegen blieb aufzuspüren, *„wo sich Herrschaftsverhältnisse mit demokratischer Fassade versehen und unter welchen Bedingungen die Menschen sich aus dem System ihrer oft selbst nicht durchschauten Abhängigkeiten lösen können"* [147] mit der letztendlichen Erkenntnis: *„Solange nicht wahrhaft freie Individuen die ihnen zugestandenen Wahlmöglichkeiten ausüben, ist eine demokratische Gesellschaft nur dem Schein nach demokratisch"*, wie es P.E. Jansen zusammenfasst.[148]

Alarmierend müssen heute Marcuse's Worte klingen, wenn man die Ähnlichkeit zwischen der heutigen, vom Kapitalismus in den Hedonismus getriebenen Gesellschaft und jener am Ende der Weimarer Republik bedenkt: *„ ... die Massen sind nur insoweit Massen, wie sie sich aus atomisierten Individuen zusammensetzen. Weil diese allem beraubt worden sind, was ihre Individualität in eine wahre Interessensgemeinschaft transzendiert, und nichts von ihnen übrig geblieben ist, als ihr bestialisches und abstraktes Eigeninteresse, das in allen Menschen gleich ist, sind sie für die Vereinheitlichung von oben und für die Manipulation so anfällig"*.[149] Auf nachgerade faschistische Weise agiert der Kapitalismus mit seiner professionellen Werbung für Verbrauchsgüter bzw. Dienstleistungen und Manipulation zur Schaffung einer einheitlichen Volksmasse, deren Individuen alle an ihrer hedonistischen Andockstelle für Wunschbefriedigung mit einem einfachen Griff fassbar werden und sich mit politischen Manipulationen identifizieren lassen, solange ihre Wünsche und Begierden gestillt werden, solange die schwache, von Kapitalisten in Geiselhaft genommene Politik nicht wagt, dringend notwendige Maßnahmen zur Beherrschung der Um-

---

[146] H. Marcuse, Das Schicksal der bürgerlichen Demokratie, REF. 202, S. 153.
[147] O. Negt, Marcuses dialektisches Verständnis von Demokratie, REF. 202, S. 20.
[148] P.E. Jansen, Vorwort zu H. Marcuses Schicksal der bürgerl. Demokratie, REF. 202, S. 8.
[149] H. Marcuse, Über soziale und politische Aspekte des Nationalsozialismus, in:
    Nachgelassene Schriften, Feindanalysen. Über die Deutschen, zu Klampen 1999, S. 103.

weltkrise sowie Erziehung zu sozial verantwortungsbewussten Bürgern durchzusetzen.[150] So rasen sie Alle gemeinsam dem Abgrund zu, in irrsinniger, blinder Gier.

E17 Die westlichen Demokratien – und China

Wer diese moderne liberale Demokratie ohne vorherige Heilbehandlung ihrer intrinsischen Schwächen installierte, nahm die Verseuchung der Gesellschaft und ihrer Umwelt billigend in Kauf. Aber nicht nur an ihrer systemimmanenten Schwächung krankt diese Kultur: Den von den alten Kolonialherren Ausgebeuteten und Zurückgelassenen dieser Welt bietet sich ein neuer Kolonialherr an, als Rächer für die durch die Ausbeuter erlittene Schmach, die Sklavenimporte nach Amerika, die Lebensmittelexporte aus Indien, den Raubbau an Afrika; nunmehr endgültig ist der gedemütigte Drache ausgenüchtert und aufgewacht aus dem Rausch der britischen Opium-Importe und den Verwirrungen an westlichen Polit-Ideologien. Viele wollen nicht sehen, dass er tausend Köpfe und Gesichter hat; Manche verhandeln nur mit *einem* von ihnen in der naiven Hoffnung, damit alle anderen für sich gewonnen zu haben; Andere verhandeln in der egozentrischen Absicht, für sich allein einen Vorteil zu erhaschen, auf Kosten ihrer eigenen Angehörigen; wieder Andere suchen gar Schutz unter seinen Fittichen. Wen würde es wundern, sähe er nur noch Sodom und Gomorrha, und spie Feuer. Inzwischen aber wächst er entlang seiner tausend Arme, umfasst und infiltriert die Welt durch tausend westliche Türen, die in Gier nach jenem „mehr" offen stehen, von dem das demokratische System lebt. Dabei macht China keinen Unterschied zwischen groß und klein, mächtig und schwach:
Während Länder der EU sich um die Frage streiten, ob der Islam zu Europa gehöre oder nicht (s. Buch S. 210), lassen sie sich nahezu ohne Gegenwehr von den tausend Armen Chinas umschlingen und besetzen: wo immer sich ein Unternehmen in den Zeiten der Corona-Pandemie dem Ruin nähert, kommt ein Käufer in neutraler Verkleidung, Strohmann der chinesischen Regierung; wo auch immer Streit zwischen Nachbarn ausbricht, schlichtet ihn China mit einem Kredit zu den üblichen Bedingungen westlicher Banken in Entwicklungsländern: sie verkaufen ihre Seelen, übergeben ihre Länder – an China. Wenn eine naive Regierung bemerkt, was im Kleingedruckten gestanden wäre, ist es schon zu spät. China kauft Fischereirechte von Ländern der afrikanischen Westküste und fischt dort die Küsten leer; Fischer verlieren dort ihre Lebensgrundlage und flüchten zu den Kanarischen Inseln, also nach Europa. Aber ganz Afrika (Rohstoffe) und Grönland (polare Schiffsroute nach Europa) sind weitere Strategieschwerpunkte Chinas.
Sri Lanka ist ein weiteres, warnendes Beispiel: hier hat China die britische Strategie mit HongKong für sich selbst eingesetzt: die Insel hat ihren Mega-Hafen Hambantota samt Umgebung für 99 Jahre an China verpachtet, weil sie durch den brutalen westlichen Kapitalmarkt in einen kritischen Engpass getrieben worden war.[151] Der Flughafen in Sri Lanka wurde mit chinesischem Kredit überdimensional ausgebaut; er steht fast völlig leer, auch der erneuerte und erweiterte Hafen von Hambantota. Sri Lanka ist seither bei China hoch verschuldet. China pachtet nun den Hafen,

---

[150] L.M. Auer, Mensch und Demokratie. LIT-Verlag 2021.
[151] U. Moramudali, Is Sri Lanka really a victim of China's debt trap? The Diplomat, 14.05.2019,
  https://thediplomat.com/2019/05/is-sri-lanka-really-a-victim-of-chinas-debt-trap/

verfügt also über einen Hafen an einer der wichtigsten Handelsrouten der Welt. Militärische Nutzung in der Zukunft ist jedenfalls möglich.

Ein ähnlicher Ausverkauf droht Ländern entlang der „Neuen Seidenstraße". China will nicht nur Europa und den Westen, China will die Welt: auf dem Wege der Kreditvergabe haben bereits über 50 Prozent der Länder Afrikas ihre Unabhängigkeit an China verloren. Der Präsident von Dschibuti sagt: warum investiert der Westen nicht auch mehr in Afrika und lässt sich diese Chance entgehen.[152] Es will scheinen, dass hier der europäische Traum von einem Marshall-Plan für Afrika bereits überholt ist. Statt des Beginns umfassender koordinierter Kooperation der EU mit Afrika ist zur Überraschung der Welt in Dschibuti plötzlich ein chinesischer Militärhafen entstanden. Zu Beginn des Jahres 2018 rief Präsident Xi sein Militär auf, für den Krieg gerüstet zu sein. Gleichzeitig sammelt er alle interessanten nicht-westlichen Staaten in der „Shanghaier Organisation für Zusammenarbeit" als Gegenpol zur G7 (USA, Deutschland, Japan, Frankreich, Italien, Großbritannien, Kanada) auf, darunter Indien, Pakistan, Iran, Russland.

Eine der schleichenden Langzeitstrategien Chinas ist seit Jahrzehnten die verdeckte Beteiligung, z.B. an US-amerikanischen Port-Authorities. Ein Beispiel: der zweitgrößte Hafen der USA, Long Beach, wurde 1988 von einer Firma aus Hong Kong gekauft, Orient Overseas International Limited; die chinesische staatseigene COSCO kaufte diese Firma im Jahr 2017. Der US-Hafen war nun chinesischer Besitz. Auf Protest der USA wurde der Hafen an eine australische Firma weiterverkauft, an ein Land, in dem China bereits eine Reihe von Häfen kontrolliert. Dieses Ereignis ist in folgenden Zusammenhang eingebettet: Versuche der Beeinflussung politischer Entscheidungen in Australien waren ein Beispiel für die zunehmend aggressive Invasivität Chinas, die die Welt aufhorchen ließen und alarmierten. Australien kann sich jedoch Protest und Widerstand wegen wirtschaftlicher Abhängigkeit kaum leisten. Die vereinigte Arbeitsfront Chinas ist eine Organisation der kommunistischen Partei. Eines ihrer Ziele war jahrelang die Unterwanderung der Allianz Australiens mit den USA und die Beeinflussung der australischen Politik, bis diese Aktivität aufgedeckt wurde; jedoch wagt die australische Regierung aus wirtschaftlichen Gründen weiterhin keine eindeutige Position gegenüber der chinesischen Regierung, also auch nicht betreffend chinesische Hafenstrategien.

Inzwischen beginnt sich die Welt zu fragen, warum sich wohl China in den letzten 10 Jahren zum größten globalen Hafenbesitzer gemacht haben könnte.

Im Fall des Finanzwesens spielt HSBC eine Hauptrolle: der Bankenriese war der Hauptaktionär der größten Versicherung Chinas, Ping An. Seit Herbst 2018 ist es umgekehrt: Ping An kontrolliert HSBC. Der bisherige Hauptaktionär der HSBC, BlackRock, ist durch Ping An abgelöst worden.[153] Nachforschungen ergeben immer wieder, dass hinter solchen Aktionen der chinesische Staat steckt, der Firmen dazu benutzt, für ihn als Strohmann zu fungieren. HSBC wurde nachgesagt, sich wegen all ihrer Finanzskandale im Westen nach China auf unerreichbares Territorium zurückzuziehen, dort allerdings Erfüllungsgehilfe des Staates zu werden. Inzwischen droht

---

[152] https://www.zdf.de/dokumentation/zdfinfo-doku/die-macht-des-drachen-chinas-globale-militaerstrategie-102.html
[153] J. Chiu, Chinesischer Versicherer wird größter HSBC-Aktionär, Risiko-Manager, 6.11.2018, risiko-manager.com/detail/news/chinesischer-versicherer-wird-groesster-hsbc-aktionaer

das Unternehmen jedoch zwischen zwei Stühle zu fallen: von China als nicht ausreichend vertrauenswürdig eingestuft, vom Westen als zu China-freundlich. Dennoch steht HSBC immer wieder bei Chinas Projekten mit westlichen Ländern im Vordergrund, so bei der Entscheidung der Briten für neue Atomkraftwerke mit chinesischer Beteiligung und als Finanzierer beim Bau der „Neuen Seidenstraße". Vorsicht ist hier geboten gegenüber Chinas Zusicherungen, man bemühe sich um fairen Handelsaustausch: nach neueren Gerüchten sollen über 90% von an die 2000 Entwicklungsprojekten entlang der neuen Handelsverbindungen zwischen China und Europa an chinesische Firmen vergeben worden sein.

Industriespionage: 2007 wurden die USA aufmerksam auf die massenhafte Hacker-Aktivität chinesischer Staatseinrichtungen. 2015 versuchte Obama, diese Tätigkeit zu beenden. Xi kam nach USA, und man vereinbarte die Einstellung des „Cyber-Diebstals". Neuerdings spioniert China im Bereich der US-Landwirtschaft: ein hoher Beamter der chinesischen Landwirtschaft wird in USA, überwacht, ertappt, verurteilt und eingesperrt.

Chinas „Plan der tausend Talente" aus 2008 zielt auf eine Umkehr des brain drain nach China mit integrierter Industrie-Spionage; seit 2019 heißt dieser Plan „National High-end foreign expert recruitment plan". Die entsprechende englisch-sprachige Website gibt sich den Anschein einer Website der EU (in der Fußzeile steht dann: *„The views expressed herein are those of the Contractor and do not represent the official view of either the European Commission or the Delegation of the European Union to China"*). [154] Im Dezember 2019 wurde dort auch chinesisches Risikokapital angekündigt. Tatsächlich sollen nicht-chinesische Wissenschaftler verleitet werden, nach China zu übersiedeln. Frankreich sandte Studenten und Wissenschaftler nach China, stolz auf seinen Erfolg. Die Tatsache, dass damit gleichzeitig massive Wirtschafts- und Innovationsspionage verbunden ist, wurde von westlichen Ländern erst nach Jahren in Erwägung gezogen. China heuert mit Hilfe seiner Headhunter-Unternehmen in USA US-amerikanische Regierungsbeamte an, von denen sie später Informationen rekrutieren können. Dadurch gewinnt China Agenten in USA aus Amerikas eigenen Reihen. Auch US-Atomenergieexperten wurden auf diese Weise rekrutiert. Chinesisch-stämmige USA-Bürger arbeiten für China, suchen solche Spionagetätigkeit in Gang zu bringen – das US-Atomprogramm ist nur eines der Beispiele.

Die Konfuzius-Institute werden von USA und Kanada als Spionage-Einrichtungen Chinas bezeichnet. Red Apollo (oder APT10) ist eines der chinesischen Spionageunternehmen, die für ihre Regierung arbeiten. APT10 hackte sich in Hewlett Packard (HP) ein und bekam damit Zugriff auf Daten vieler Firmen, die mit HP arbeiten. Die Problematik mit Huawei und der Möglichkeit, die Welt darüber auszuspionieren und zu kontrollieren, ist mittlerweile ausreichend breit in den Medien dargestellt.

*****

---

[154] http://chinainnovationfunding.eu/thousand-talents-plan/, abgefragt am 02.04.2020.

China hat eine Langzeitstrategie, einen Marshall-Plan für China, einen Marshall-Plan für eine Welt zu Diensten Chinas. Auch China ist Nationalist: sein „America First" heißt nicht „China First", es heißt: „中國夢 / 中国梦. Chinas Traum", der Traum seines Präsidenten Xi Jinping, der nun für seine systemkonformen Bürger jenen „guten Kaiser" spielt, den sich Dante für Italien erträumt hätte (s.A45); der Unterschied ist, dass Millionen von Systemkritikern und Nicht-Chinesen des Staatsgebietes in Gefängnissen und Lagern enden. Xi verkörpert einen Traum für China, ein langfristiges Ziel: Die „Chinesische Lösung", Erfolg, Reichtum für Alle in einem autoritären Kapitalismus (auf Kosten der Freiheit seiner Bürger – siehe das „Sozialkreditsystem" mit digitaler Totalüberwachung) als kollektivistische Alternative zur westlichen Demokratie. Der Westen hat nur noch seinen Liberalismus und Hedonismus; sein Neo-Nationalismus dient China: In allen nationalistischen Gräben zwischen den westlichen Nationen schlängeln sich die tausendmal tausend Arme des tausendköpfigen Drachen, mit der bislang unergründeten Intelligenz eines Kraken. China verfolgt eine Strategie für eine neue Weltordnung; allerdings zu den Regeln seines autoritären Kapitalismus und mit dem Ziel der Bekämpfung der liberalen Demokratie. China führt einen stillen ideologischen Krieg gegen den Westen: in einem geheimen Dokument, dem mittlerweile legendären „Dokument 9" der Kommunistischen Partei Chinas, werden sieben „Probleme" beschrieben (liberale Demokratie und Neo-Liberalismus, Menschenrechte und Rechtsstaatlichkeit, Zivilgesellschaft, Pressefreiheit, neutrale und kritische Geschichtsschreibung, Kritik am chinesischen Sozialismus), deren Erwähnung und Diskussion in Erziehung und Schule verboten ist.[155] Erlaubt und erwünscht ist hingegen, auf die Demütigung Chinas durch die westlichen Kolonialmächte, allen voran die Briten, hinzuweisen und damit den eigenen Nationalismus zu schüren. Die Ruine des alten Kaiserpalastes in Peking wurde von den Briten im Zuge des Opium-Krieges als Rache für die Ermordung einiger Gesandter zerstört; über Jahre diskutierte man in China über dessen Wiedererrichtung. Nun steht der Entschluss fest, die Ruine als Mahnmal stehen zu lassen, damit die Chinesen nicht vergessen, warum und gegen wen sie kämpfen.

Die klägliche Entrüstung westlicher Medien und machtloser Politiker über Chinas Strategien spiegelt die alte, in den Seelen seiner Bürger festsitzende Arroganz der Kolonialmächte: man wendet sich um in trägem Erstaunen, wozu diese Wilden sich denn nur zu erdreisten wagten. Aber längst haben viele Führer des Westens ihre Seelen an die aufkommenden neuen Herren verkauft, so wie die Aristokraten Athens ihren Stadtstaat an Sparta, und jene Roms ihren kranken Superstaat an die herandrängenden Scharen der Völkerwanderung – Präsidenten der USA an die Araber, Gerhard Schröder, der frühere deutsche Bundeskanzler, an Russland; der frühere britische Premier David Cameron, arbeitet jetzt für einen chinesischen Investmentfonds, arbeitet für Präsident Xi (wie sehr sich sein Land von China abhängig gemacht hat, ist inzwischen Gegenstand medialer Aufregung; die Kooperation mit Huawei wurde in spätem Erschrecken abgebrochen). Wenn es darum geht, Präsident Trump medial zu verunglimpfen, scheut man sich auch nicht, seine Abwehrstrategie gegen China zu verdammen.

---

[155] http://www.chinafile.com/document-9-chinafile-translation, abgefragt am 07.06.2019

Aber China will sich selbst wehren, will bereit sein für die Weltführung, scheint es. China tut, was der Westen im Kolonialismus tat, nur nicht brutal sondern mit leise einlullender Macht; nur ganz nebenbei ist dann plötzlich auch das Militär präsent:

Chinesische Militärstrategie

Das chinesische Militär, besonders die Marine, ist bereits global aktiv. China exportiert inzwischen massenhaft Waffen nach Afrika und plant gemeinsame Manöver mit Russland im Mittelmeer.

Die erste Sicherheitszone Chinas umschließt das südchinesische Meer und führt entlang der östlichen Grenze Japans, die zweite reicht bis Guam und zu den Marschall Inseln. „Do Fang" – Ostwind – ist die Summe der Raketenwaffe, gerichtet auf die USA; in den U-Booten liegen Langstrecken-Atomraketen. Die USA scheinen nicht unschuldig, nicht auf Entspannungskurs: Einzelne Inseln Taiwans sind nicht weiter als 14km (Baigang) von der chinesischen Küste entfernt; die USA rüsten sie massiv auf [156, 157] - man ist erinnert an die Kuba-Krise. Als die UdSSR dem kommunistischen Kuba Atomraketen schickte, damit es sich gegen die USA verteidigen könne.

All dies klingt nach Staatskapitalismus mit Anspruch auf globale Hegemonie – aber basiert Chinas bisheriger Erfolg auf dem Staatskapitalismus? Der Pekinger Ökonom Zhang Meiying meint: keineswegs, sondern *„Chinas Aufstieg basiert in erster Linie auf Marktöffnung, auf privatem Unternehmergeist und auf der Wertschöpfung westlicher Technologien der vergangenen 300 Jahre".*[158] Überall dort, wo freie Marktwirtschaft möglich war, sei die Wirtschaft deutlich rascher gewachsen als in politisch strikter kontrollierten Regionen Chinas. Freilich bleibt dabei unbeachtet, dass „Macht" nicht nur „Finanzkraft" will sondern Kontrolle auf Kosten anderer, in diesem Fall des Westens, und wahrscheinlich Japans; unbeachtet auch, dass *„Wertschöpfung westlicher Technologien"* bedeutet, westliches know-how auszuspionieren und zu imitieren und selbst zu nutzen, im Sinne des Auftrags des großen Führers, Mao, der lautete: „ *Das Westliche für das Chinesische nutzbar machen".*[159] Auch Huntington bezieht sich auf diese Haltung Chinas: *"In China hieß in den letzten Phasen der Ching Dynastie die Parole Ti -Yong, "Chinesische Bildung als grundlegendes Wertesystem, westliche Bildung zu praktischen Zwecken".*[160]

Dabei ist nicht alles nur Gefahr, keineswegs: China verkauft nicht nur, es kauft auch ein, verzweifelt sogar, aus Europa, aus den Ländern entlang der Neuen Seidenstraße; China will überleben, will nicht ein weiteres Mal in die Abhängigkeit von den brutalen westlichen Kolonisatoren fallen. China gibt dem Westen die Chance, einen fairen Handelsausgleich zu erreichen, eine friedliche Koexistenz auf reziproker Basis – man vergesse nicht, an dieser Stelle zu berücksichtigen, dass China im Vergleich zu Deutschland eine nahezu ausgeglichene Handelsbilanz aufweist; für die miserable

---

[156] https://www.dw.com/de/usa-genehmigen-weiteres-r%C3%BCstungsgesch%C3%A4ft-mit-taiwan/a-55491863, 17.09.2020.

[157] P. Zoll, Wieso US-Kriegsschiffe in der Straße von Taiwan Präsenz markieren, Neue Züricher Zeitung, 08.07.2018. https://www.nzz.ch/international/us-kriegsschiffe-fahren-durch-die-strasse-von-taiwan-ld.1401782?reduced=true

[158] Z. Weiying, Die Mär vom China-Modell, Die Zeit, 14.11.2018, zeit.de/2018/47/ china-staatskapitalismus-privatunternehmen-wirtschaft-wachstum/

[159] H. Geiger, Erblühende Zweige, Schott Verlag 2009, S. 83

[160] S.P. Huntington, Der Kampf der Kulturen, Ref. 346, S.107.

Bilanz der anglo-amerikanischen Länder kann man nicht China verantwortlich machen.[161] Doch der Westen ist kein ebenbürtiger Partner. Jedenfalls ist US-Amerika der neue kranke Mann, wie einst jener am Bosporus. Ebenbürtig wäre nur ein Westen, ein Europa allen voran, ein Sozialsystem, das seine Werte kennt und lebt und durchzusetzen willens ist. Was Europa, ja der gesamte Westen, seit Jahrzehnten hätte verwirklichen müssen, China tat es innerhalb weniger Jahre: mehr als die Hälfte der afrikanischen Staaten hängen bereits an den Saugnäpfen von Chinas strategischen Krakenarmen, allerdings nach den Regeln der Abhängigkeit von einem autoritären Kapitalismus, nicht von einem fairen Partner. Europa, der Westen, hat es verpasst, rechtzeitig seine eigenen demokratischen Regeln bei sich selbst zu verwirklichen und diesen Ländern Starthilfe nach fairen Regeln eines reziproken Altruismus anzubieten. In einem Kampf des gegenwärtigen westlichen Liberalismus gegen den chinesischen Kollektivismus erkenne ich keine Überlebenschance für die Demokratie. Nur mit einem vitalen reziproken Altruismus, verwirklicht in einer Neuen Demokratie als Modell für eine globale Demokratie der Demokratien [162] sehe ich eine Welt in Frieden ohne Dominanz eines kollektivistischen, staatskapitalistischen Ostens.

E18 Papst Franziskus' Kampf gegen das technokratische Paradigma

Nicht „das technokratische Paradigma" beherrscht Wirtschaft und Politik und damit den Menschen, wie Papst Franziskus in seiner Enzyklika „Laudato Si" schreibt [163] und damit auf R. Guardini verweist (Guardini S. 165f.),[164] sondern Menschen in ihrer Machtgier missbrauchen jegliche sich bietende Möglichkeit zur Ausbeutung, als Selbstzweck, ohne natürliche Hemmung, bis hin zu der von Canetti beschriebenen paranoischen Machtkrankheit.[165]

Allerdings trifft zu, dass *„Das technokratische Paradigma ... heute so dominant geworden [ist], dass es sehr schwierig ist, auf seine Mittel zu verzichten, und noch schwieriger, sie zu gebrauchen, ohne von ihrer Logik beherrscht zu werden. Es ist „kulturwidrig" geworden, wieder einen Lebensstil mit Zielen zu wählen, die zumindest teilweise von der Technik, von ihren Kosten und ihrer globalisierenden und vermassenden Macht unabhängig sein können"*. Umso größer ist also die Verantwortung derer, die ohne Hemmung und Vernunft die wachsende und z.T. instinktgebundene Abhängigkeit der Menschen schaffen und missbrauchen, besonders verdeutlicht in der Glücksspielindustrie und der dafür eingesetzten TV-Werbung. Denn häufig wird unterschätzt, wie sehr der durchschnittliche Mensch ein Kind seiner „Kultur" ist, geprägt von der Umgebung, in die er hineinerzogen oder – oft weitgehend unerzogen - hineingewöhnt wurde. Danach von diesen Menschen ein Gewissen zu fordern, das in der Lage ist, Unrecht zu erkennen und gegen die herrschende öffentliche Meinung und „Kultur" zu leben und zu handeln, ist die Forderung nach „Selbstverheilung".

---

[161] siehe E15
[162] L.M. Auer, Mensch und Demokratie. LIT-Verlag 2021.
[163] Enzyklika Laudato Si von Papst Franziskus über die Sorge für das gemeinsame Haus, §108.
  http://www.vatican.va/content/francesco/de/encyclicals/documents/papa-francesco_20150524_enciclica-laudato-si.html#_ftnref88
[164] Romano Guardini, *Das Ende der Neuzeit*, Würzburg ⁹1965, S. 63-64. Grünewald 2016
[165] Elias Canetti, Masse und Macht, Claassen 1960.

Betreffend die Notwendigkeit zu einer Veränderung, einer Neuen Aufklärung, muss zuerst erkannt und gewürdigt werden, dass die Evolution selbst den Menschen durch die Entstehung der Bewusstheit an den Punkt solcher Entscheidungsnot gebracht hat: Bewusstheit entfaltet drei entscheidende Kräfte in diesem Endstadium der Evolution: die intelligente Neugier und den Forscherdrang; die Verführung zum Genuss im Selbstzweck; und drittens als entscheidende Kraft die Fähigkeit zur Selbsterkenntnis all dessen, ja zur Selbsterkenntnis der Evolution in dieser menschlichen Bewusstheit: diese letztere Kraft gilt es in einer neuen Aufklärung, hinein in eine neue Kultur, zu entfalten: die Fähigkeit, nicht nur zu erkennen, dass der mächtige Sog zum Handeln und Genießen als Selbstzweck in die Selbstvernichtung führt, sondern Wege zu finden, dieser Verführung zu widerstehen und damit zu überleben.

Einer dieser Wege ist eine Neue Aufklärung zur Erziehung in eine neue Gesellschaft, die der Ethik eines reziproken Altruismus folgt. Wann immer das Anthropozän enden sollte, oder auch nur die Neuzeit, selbst wenn es „nur" der Untergang des Abendlandes sein sollte, es wäre deshalb, weil die betroffenen Menschen nicht willens waren, von dieser ihrer Fähigkeit Gebrauch zu machen und ihr Leben entsprechend dieser Erkenntnis zu gestalten.

Weiter Papst Franziskus: *„Während das Herz des Menschen immer leerer wird, braucht er immer nötiger Dinge, die er kaufen, besitzen und konsumieren kann. In diesem Kontext scheint es unmöglich, dass irgendjemand akzeptiert, dass die Wirklichkeit ihm Grenzen setzt. Ebenso wenig existiert in diesem Gesichtskreis ein wirkliches Gemeinwohl. Wenn dieser Menschentyp in einer Gesellschaft tendenziell der vorherrschende ist, werden die Normen nur in dem Maß respektiert werden, wie sie nicht den eigenen Bedürfnissen zuwiderlaufen"*.[166] Papst Johannes Paul II. sprach von einem *„Gefühl der Ungewissheit und der Unsicherheit, das seinerseits Formen von kollektivem Egoismus [...] begünstigt"* [167] Dieser „kollektive Egoismus" mit dem wissenschaftlichen Namen „Sozial-Hedonismus" ist neben der Förderung von freier Marktwirtschaft mit nahezu unbegrenztem Raub-Kapitalismus eine weitere autodestruktive Schwäche liberaler Demokratie mit der Gefahr des Abgleitens in Mediokratie und auch Autokratie.[168]

---

[166] http://www.vatican.va/content/francesco/de/encyclicals/documents/papa-francesco_20150524_enciclica-laudato-si.html#_ftnref154, § 204, abgefragt am 15.05.2020.

[167] Johannes Paul II., *Botschaft zum Weltfriedenstag 1990*, 1: *L'Osservatore Romano* (dt.) Jg. 19, Nr. 50 (15. Dez. 1989), S. 1; *AAS* 82 (1990), S. 147, zit. bei Laudato si § 204.

[168] L.M. Auer, Mensch und Demokratie. LIT-Verlag 2021.

E19 Repräsentative Demokratie als Quadratur des Kreises.

Wem in den demokratischen Systemen müssen Abgeordnete folgen, um Demokratie effektiv und dauerhaft zu machen? Ihrer moralischen Überzeugung, ihrer Partei oder ihren Wählern? Wessen oder welche Interessen sollen oder müssten sie vertreten?

Die Vorstellung von einer „Quoten-Gesandtschaft" pro Wahlkreis oder Partei löst das Problem in keiner Weise, denn die Frage bleibt: vertreten die Vertreter den Volkswillen oder das, was sie als Gemeinwohl verstehen? Der irische Politiker und Philosoph Edmund Burke vertrat betreffend die Repräsentanten des Volkes einen klaren Standpunkt: *„Falls der lokale Wähler ein Interesse verfolgen oder sich eine voreilige Meinung gebildet haben sollte, die ganz offensichtlich im Widerspruch zum wahren Wohl der restlichen Gemeinschaft stehen, dann sollte der Abgeordnete dieses Wahlkreises, so gut wie jeder andere, davon Abstand nehmen, diese Sonderinteressen durchzusetzen".*[169] Damit steht er gegen eine reine Demokratie und zeigt auf ihre Schwäche der potentiellen Selbstzerstörung. Können es die Politiker in einer repräsentativen Demokratie überhaupt richtig machen? Was ist ihre Aufgabe heute? Folgen sie ihrer Partei, machen sie die Demokratie zur Oligarchie, regiert von Parteiführern. Folgen sie ihrer eigenen moralischen Überzeugung, entstünde theoretisch eine platonische Aristokratie; tatsächlich würden sie gar keine erfolgreichen Politiker.[170] Folgen sie der Stimme der Wähler in ihrem Wahlkreis, folgen sie Wünschen und Interessen, die gegen das Gemeinwohl stehen könnten; im Parlament entsteht ein Interessensgruppenpluralismus und unterstützen den Weg ins Chaos. Rousseau würde sich heute wundern, sehen zu müssen, wieviele Parteien sich in einem Parlament streiten können, ohne deshalb eher zu freundlichen Einigungen zu kommen – im Gegenteil: der Glaube an eine Interessensgruppenpluralität ist ein Irrglaube mit Endpunkt im Kampf Jedes gegen Jeden. Abgeordnete werden nicht nur in Großbritannien häufig einem Abstimmungszwang unterworfen und damit zu Repräsentanten einer Mehrheitsdiktatur auf Zeit. So wird der kalte Krieg der Parteien aufgebaut.

Grayling vergleicht die verdeckte Oligarchie und den Mangel an Kontrolle der Politiker und ihrer Verantwortlichkeit im britischen System mit der Situation in den USA: *"...die Exekutive... House of Commons ist faktisch ein Souverän in UK ohne irgend etwas wie checks and balances, wohingegen checks and balances in den USA nur als Übereinkommen funktioniert und ansonsten ein Rezept für Stillstand ist."* Und weiter: *"... es trifft genau auf die Repräsentanten des Unterhauses zu, dass sie Repräsentanten sind und nicht Delegierte - das bedeutet, dass sie eigenständige Verfügungsgewalt haben, was geschehen soll, unabhängig von den Erwartungen ihrer Wähler; und so sollte es angesichts der Notwendigkeit ja sein, die unüberlegten Wünsche uninformierter Wähler zu verbessern, und oft, das zu tun, was für das Land am besten ist, auch gegen solche Wünsche".**[171]

---

[169] E. Burke, Rede an die Wähler von Bristol, zit von V. Pesch, in P. Massing, G. Breit, H. Buchstein Hrsg., Demokratie-Theorien, Wochenschau Verlag 2017, S. 165.
[170] L.M. Auer, Mensch und Demokratie. LIT-Verlag 2021, S. 146ff.
[171] A.C. Grayling, Democracy and its crisis, Oneworld 2017, S. 111.

Im Prinzip klingt diese Feststellung empfehlenswert, allerdings nicht auf den
zweiten Blick: darf man davon ausgehen, dass unbedachte und uninformierte
Wähler in der Lage sind, Repräsentanten zu wählen, die sodann vernünftig genug
sind, zu ihrem besten zu entscheiden, und sei es entgegen dem Wählerwunsch? Das
jüngste Beispiel Ungarn, das nun in der EU als „Wahl-Autokratie" dasteht, ist ein
Zeichen.

E20 Migration und Rechtsstaatlichkeit

Die Falle der Rechtsstaatlichkeit in der Migrationskrise

In kafkaesker Selbsthypnose verfangen sich Staaten und internationale Körperschaften im Netz der Regulierungen, die sie selbst geschaffen haben:
Staaten müssen theoretisch die Invasion von Millionen von Immigranten gestatten,
weil es ihr Asylgesetz so diktiert, ungeachtet dessen, ob ein betroffener Staat dies
überhaupt bewältigen und überleben könnte.
Die Exekutive liberaler Demokratien beobachtet (mit erheblichem Finanzaufwand)
kriminelle Immigranten, lässt sie sich jedoch frei im Land bewegen, bis sie eine
(weitere) Straftat – in mehreren Fällen einen Terroranschlag – begangen haben. Sie
können auch nicht ausgewiesen werden, weil Rechtsstaatlichkeit und Menschen-
rechtsaspekte eines Asylanten im Vergleich zur Sicherheit der eigenen Bevölkerung
als das höhere Gut angesehen werden. Beide Argumente gelten dabei als quasi gott-
gegebene, unverrückbare Fakten: Viele Politiker weisen dieser Tage auf das Asylgesetz wie auf eine göttliche Offenbarung, gegen die im Gottesstaat niemand wagen
kann, das Wort zu erheben. Müssen tatsächlich *wir Bürger* sie darauf aufmerksam
machen, dass *sie* die Gesetzgeber sind und wir von ihnen erwarten können, Gesetze
zu verabschieden, die auch für die eigene Bevölkerung sinnvoll und schützend sind?
Müssen wir sie wirklich darauf hinweisen, dass wir ihnen nicht glauben, dass diese
Gesetze vom Himmel gefallen sind oder von Moses vom Berg Sinai getragen wurden?
Gesetze werden andauernd novelliert, warum also nicht das Asylgesetz den drama-
tischen Ereignissen unserer Zeit anpassen?
Als nächstes Argument wird uns dann oft eine Moralpauke gehalten und der gute
Samariter vorgespielt, der über die Herzlosigkeit der Mitbürger entsetzt ist. Wo aber,
so können wir fragen, wo war die Menschenfreundlichkeit dieser Politiker während
der Jahre vor 2015, als diese Menschen zu Hause leiden mussten und um Hilfe riefen,
bis sie sich in ihrer Verzweiflung aufmachten, einen ganzen Kontinent zu Fuß zu
überqueren? – sogar Politiker aus ihren eigenen Reihen hatten damals erfolglos
Hilfeleistung gefordert und vor dem Ereignis gewarnt, das dann im Sommer 2015
losbrach.
Aber es gibt noch viel schwerwiegendere moralische Bedenken entgegenzuhalten:
wo war die Würde jener Menschen, die sich keine Schlepper leisten konnten und in
ihrer zerstörten Heimat zurückbleiben mussten, und all Jener, die als Flüchtlinge in
Elendslagern der umgebenden Länder ihr Leben fristen und von der Gemeinschaft
der reichen westlichen Staaten dort bei Gott nicht in menschenwürdiger Weise
versorgt werden?
Und schließlich ist da noch ein weiteres rechtliches Argument gegen all diese
politische Menschenfreundlichkeit: warum hat beispielsweise Deutschland nicht
rechtzeitig sein Asylgesetz wenigstens dahingehend geändert, dass Asylsuchende

nicht erst bis an die Grenze Deutschlands kommen mussten, um dort einen Antrag stellen dürfen? Noch im Sommer 2015 war auf der Website ihres Außen-Ministeriums zu lesen, dass Asylanträge nur im Land selbst gestellt werden können – ist es das, was die herzlosen Bürger unter der Menschenfreundlichkeit ihrer Politiker zu verstehen haben, dass Flüchtlinge aus einem Kriegsgebiet erst Schlepper suchen und bezahlen müssen, bevor sie Anspruch auf ihr Recht laut Asylgesetz haben? An Punkten in der Geschichte wie diesem reicht auch das Wort "kafkaesk" nicht mehr aus, wenn man bedenkt, dass diese Rechtsstaatlichkeit, die sich auf Asylrecht beruft, dann den Einsatz von Schleppern stillschweigend voraussetzt, diese Schlepper dann auch noch konsequenterweise als Kriminelle ins Gefängnis steckt, um den Asylsuchenden die Möglichkeit zur Antragstellung endgültig zu nehmen – schlimmstenfalls zynisch, bestenfalls verwirrt und verheddert im selbstgestrickten Netzwerk des Rechts.

Warum entzieht man nicht eingebürgerten Immigranten bei schwerwiegender Straffälligkeit oder bei nachgewiesener terroristischer Aktivität die Staatsbürgerschaft?

Warum ändert man nicht das Asylgesetz dahingehend, dass Asylanträge in jeder ausländischen Botschaft gestellt werden können?

Warum arbeiten nicht Europa, USA und der ganze westliche Kreis zusammen an einer zeitgemäßen und tatsächlich menschenwürdigen Asylgesetzgebung, anstatt einander bei jeder Gelegenheit als menschenrechtswidrig vorzuführen? Europa spielt dabei seine Rolle als Menschenrechtshüter besonders pharisäisch: Trumps Mauerbau als willkommenen Dauerbrenner über Monate, Menschenrechtsverletzungen durch Australien, China, Russland, und viele Andere; gleichzeitig aber zunehmende eigene Doppelbödigkeit: Abdrängen von Flüchtlingsbooten, direkte Abschiebungen über Grenzen ohne Asylanträge, ohne Asylverfahren, neuerdings sogar ein EU-GH Urteil gegen Flüchtlinge in Melilla, die nun wieder ohne Antragsrecht ungeprüft als „illegal Einreisende" benannt und abgewiesen werden dürfen.[172] „*To protect our jobs, the EU authorises Melilla to be a theatre of cruelty*" schreibt eine britische Tageszeitung,[173] aber die britische Küstenwache sorgt ebenfalls dafür, dass keine Flüchtlinge ihr Land erreichen.

Abschließend noch eine schwerwiegende Notiz am Rande: manche Politiker argumentieren angesichts der Flüchtlingskrise mit dem Interesse westlicher Staaten, dringend benötigte qualifizierte Arbeitskräfte rekrutieren zu können – Asyl als Gewinn für das Gastland! In einem anderen Zusammenhang nennt man diesen Vorgang "brain drain". Das Abziehen qualifizierter Arbeitskräfte aus einem aufstrebenden Entwicklungsland zählt jedenfalls zu den übelsten neo-kolonialistischen Moralversündigungen der westlichen Länder.

---

[172] W. Janisch, Europäisches Menschenrechtsgericht:Weltfremdes Urteil. Spanien darf weiter umgehend nach Marokko abschieben. Der Richterspruch aus Straßburg wird die teils brutale Praxis der Zurückschiebung von Flüchtlingen begünstigen. Süddeutsche Zeitung, 13.02.2020.

[173] N. Davis, Melilla: Europe's dirty secret. *African migrants will do anything to get into the Spanish enclave of Melilla. And the authorities will do anything to keep them out.* The Guardian, 17. 04.2010.

Gewiss eröffnen die modernen Medien praktisch unbegrenzten Zugang zu jeglichem Wissen unserer Zeit. Bei dem Sektor Unterhaltung handelt es sich bereits um einen kritischeren Bereich, wie man der Frequenz entnehmen kann, in der die Menschen mit bestimmten Inhalten gefüttert werden. Als ein Beispiel ist hier vielleicht ein Vergleich zwischen britischen und deutschen TV-Sendungen hilfreich zum Verständnis: während einige britische Kanäle häufig Kriegsfilme über die Angriffe deutscher Flugzeuge auf britische Städte, andere Nazi-Verbrechen und britische oder amerikanische Kriegshelden zeigen, um sicherzustellen, dass diese Vergangenheit präsent bleibt, zeigen deutsche Sender ihrerseits dutzende Male ihre und andere Dokumentarfilme über das Dritte Reich in anhaltendem mea culpa. Die Rache-Bombardements der deutschen Städte bleiben dabei auf beiden Seiten weitgehend unkommentiert.

Was Medien und Politik anlangt, so ist bekannt, dass beide voneinander leben, voneinander abhängig, nicht voneinander unabhängig, wie es der gesetzliche Auftrag vorgesehen hätte. Auf der einen Seite ist also die freie Presse eine der großen Errungenschaften in einer freien Gesellschaft, weil das Volk nicht mehr kommentarlos regiert werden kann. Auf der anderen Seite jedoch versucht die Politik doch wieder, diese „freie" Presse zum Sprachrohr ihrer Interessen zu machen, jener der Parteien ebenso wie einzelner Politiker. Die „vierte Gewalt" im Staat ist sogar Opfer einer a priori Schwäche im System, weil sie dem Risiko der Manipulation durch Vorselektion nicht entkommen kann: denn sowohl wie berichtet wird, wie auch, was man als weniger oder zu wenig bedeutsam erachtet, entspricht einer Vorauswahl, die Gesamteindruck und Meinung bildet. Darüber hinaus sehen sich aber Medien allzu oft eher als Meinungsführer denn als neutrale Reporter: Immerhin besteht das Wissen über Politik – und ihre Meinung - für die Mehrzahl der Bürger aus den von diesen Medien verbreiteten Informationen. Die Menschen denken und reden über die Inhalte aus Nachrichten und Talkshows, nicht über andere, nicht medial aufbereitete Ereignisse. Daher tragen die Medien eine extrem hohe Verantwortung; aber ebenso hoch sind Vorsicht und zunehmende Sorge betreffend die Möglichkeit von Missbrauch, meint Grayling: *"Die Presse sollte strikten Kontrollen des Wahrheitsgehaltes unterliegen und für Desinformation deftige Strafen auferlegt bekommen".[174]* Ich würde dem noch hinzufügen, dass dies ebenso für Politiker gelten sollte – Manipulation und Verbreitung falscher Fakten sollte also für beide Gruppen strafbar sein. Die Medien lassen sich für einseitige Werbung benutzen, sie beeinflussen am Weg über tiefreichende emotionale Funktionen und missbrauchen mitunter beide Instrumente in Berichten, die Menschen oder Ereignisse in verleumderischer Weise in ein schräges Licht rücken. Ergebnisse von Umfragen in der Bevölkerung sind oft nichts anderes als ein Spiegel der Nachrichten der vergangenen Tage – gleicherweise nützlich für Politiker und Medien, aber ebenso gefährlich für die Beständigkeit von Demokratie. Es mag schon sein, dass ins Mikrophon brüllende Diktatoren Geschichte sind, aber sie können sich heute leichter denn je als Manipulatoren in das Unterbewusstsein von - und die Gefühle der - Menschen einschleichen. Dasselbe tun auch die Medien. Dann finden die Menschen Politiker gut oder schlecht, weil sie in den

---

[174] A.C. Grayling, Democracy and its crisis, Oneworld 2017, S. 187.

Medien so dargestellt werden. Treten Politiker dann in der Öffentlichkeit in Erscheinung, wird wiederum jedes Wort und jede Geste auf ihre emotionale Wirkung gestyled.

Die Freiheit dieser „Freien Presse", Errungenschaft der Demokratie, wirkt oft wiederum im Interesse der Zerstörung dieser Demokratie, wenn Journalisten ihre Freiheit dazu benutzen, Politiker zum Handeln zu drängen, dann wieder, in paranoider Manier Fehler an ihnen aufzudecken; dieser Aktionismus bewirkt lediglich, dass Politiker erst recht vor allem darauf achten, nichts zu unternehmen, das ihre eigene Karriere stören könnte. Viele dieser drängelnden und oft respektlos geführten TV-Interviews für Nachrichtensendungen machen Politiker noch vorsichtiger in ihrer Erscheinung, zwingen ihnen leere Phrasen ab, stellen sie oft als inkompetent, schwach und unfähig dar: gleich ob sie es tatsächlich sind oder nicht, die Medien demontieren damit die Politiker und gleichzeitig die Demokratie.

Andererseits dann das Zusammenspiel zwischen Medien und Politikern: sie brauchen einander. Das Spiel richtet sich oft genug gegen den Souverän: das Volk. Ein Beispiel war die Manipulation der Volksmasse während der Migrationskrise des Jahres 2015 mit dem politisch korrekten Aufruf zur "Willkommenskultur". In einem Wochen und Monate anhaltenden Taumel der Zivilgesellschaft in einem Gutmensch-Gefühl wurde konsequent der jahrelang vorangegangene Fehler der Politiker und das ethische Wirrwarr überspielt, das man damit anrichtete: niemand dachte daran, dass man Leute begrüßte und für ihre Ankunft beglückwünschte, die nur mit der Hilfe krimineller Schlepper hatten kommen können. Die Schlepper steckte man gleichzeitig ins Gefängnis, und die anderen Millionen, die sich keine Schlepper leisten konnten, vergaß man weiter – es wäre noch teurer geworden für die Zivilgesellschaft, und das wollten die Medien im Interesse der Politiker nicht sagen, damit die Politiker nicht ihr Wahlvolk auf den ethischen Irrsinn aufmerksam machen mussten, Worte, die sie um ihre Wählerschaft gebracht hätten -was letztlich dann doch geschah, und wieder unter dem Hetzgeschrei der Presse gegen alles nicht-Liberale.

Mitunter sind diese Medien frei, um die Selbstzerstörung der Demokratie zu beschleunigen. Die einen als Sprachrohr der Parteien in deren kaltem Krieg gegeneinander und zur Hetze gegeneinander im Volk.

Dieses Dilemma trat anlässlich von Ereignissen wie Brexit und den US-Wahlen 2016 wieder deutlich zutage: mehr als jedes andere politische System ist die Demokratie durch Manipulation gefährdet, die sie selbst gestattet, wenn nicht gar betreibt. Und es gibt eine Vielfalt von anderen Beispielen: warum haben die deutschen Medien Österreich 2015 für die Schließung der Balkanroute in moralisierender Weise vorgeführt, nur um im Jahr darauf zu berichten, wie sich die deutsche Politik um Reduktion der Massenmigration bemühe, indem eine Wiedereröffnung der Balkanroute durch ein Abkommen mit der Türkei verhindert werde? Warum haben die britischen Medien Kontinental-Europa für das erschütternd miese Management bei der Versorgung all der vielen armen Migranten kritisiert, Europas fehlende Menschlichkeit, während ihr eigenes Land selbst die Grenzen für jegliche Immigration dichtmachte? Was ist an solcher Form von Berichterstattung neutral? Sie missbrauchen – in wessen Auftrag immer – ihren Auftrag, indem sie den Menschen klarmachen, was man unter Demokratie zu verstehen habe, was Freiheit sei, was richtig und was falsch. Sie gewöhnen sie an das Nichtselberdenken und bereiten sie auf die nächste Phase der Autokratie vor.

Der „liberale" Umgang mit Nachrichten und mit Information im allgemeinen zerstört demokratische Werte, statt sie zu schützen, indem er sie der Manipulation durch „Meinungsmache" aussetzt. Leider sind diese Medien allzuoft Opfer einer missverstandenen Freiheit, Freiheit statt Neutralität, Libertinismus statt Fairness. Wenigstens müssen sie hin und wieder vor ihrer eigenen Respektlosigkeit erschrecken.

Solange es von den regierenden Parteien als politisch korrekt erklärt wird, stigmatisieren die Medien kulturelle Identität und Patriotismus undifferenziert als Neo-Nationalismus und Populismus, sogar als Rassismus – nicht aus Ignoranz, sondern als Propaganda in jemandes Interesse.

Meinungs- und Redefreiheit hätten ursprünglich, bevor die Medien die Mehrheitsmeinung formten, auch bedeuten wollen, dass Bürger frei und offen gegen Immigration sein dürfen, dass sie den Rechtsstaat kritisieren, so wie er gehandhabt wird, dass sie gegen ein sinnloses Wahlsystem und gegen selbstzerstörerische Schwächen der Demokratie sind. Jedoch – die freien Medien können Kritiker der Mehrheitsmeinung als asozial anprangern, sogar als undemokratisch. Sie dürfen Halbwahrheiten verbreiten, rücksichtslos und hämisch den guten Ruf von Bürgern durch vorverurteilende Gerüchte zerstören, gleichzeitig von Menschenrechten und Respekt reden – nur manchmal erkennen sie selbst, dass Satire nicht alles erlauben kann, und noch seltener, dass sie selbst über die Würde von Bürgern trampeln, denen sie ursprünglich lediglich neutral berichten sollten.

Wie man an Türkei und Ungarn sieht, nützt diese Art von Freiheit nichts,[175] diese freie Presse schützt die Demokratie nicht; sie missbraucht sie und assistiert bei der Selbstzerstörung.

Und was wollten diese freien Medien rund um die Welt vermitteln, als sie Donald Trump vor und nach seiner Wahl zum Präsidenten mobbten? Zwar wurde es kurz unterbrochen, als man entdeckte, dass gewisse Parallelitäten zu Ronald Reagan bestanden; und dann war da noch das Forum in Davos im Jahr 2018, als man nicht anders konnte als einzugestehen, dass Trumps Steuerreduktion ein großes Potenzial habe, die Weltwirtschaft anzukurbeln.[176] - Nein, ich bin kein Unterstützer von Präsidenten wie Trump; aber auch kein Unterstützer von Medien, die sich über eine Person mokieren, die vom Volk auf demokratischem Weg gewählt wird. Mobbt sich hier denn nicht die Demokratie selbst ihrem Untergang entgegen?

---

[175] G. Verhofstadt, Europe's Last Chance, BasicBooks 2017
[176] A. Petroff, Davos loves the Trump tax cuts,
    http://money.cnn.com/2018/01/23/news/economy/ceos-love-us-trump-tax-cut-davos/index.html, abgefragt am 01/23/2018.

E22 Kritik der Sozial-Epistemologie

(A- in der Politik, B- für Demokratie, C- der Wissenschaft, D- der Moral)

A Kritik der Sozial-Epistemologie in der Politik

Es gibt zahlreiche kritische Meinungen über die mögliche Rolle der Sozial-Epistemologie in der Politik – diese Diskussion allein könnte ein Buch füllen.[177, 178 179 180 181 182] Christiano merkt dazu an, dass "... *die Sozialwahl-Theorie ... die Frage [untersucht], ob es eine Entscheidungsfindung geben kann, welche eine Anzahl individueller Wünsche in eine rationale gemeinschaftliche Lösung umformen kann. Es kann aber keine allgemeine Regel geben, welche unter der Maßgabe vernünftiger Beschränkungen irgendeine Anzahl individueller Wünsche zu einer rationalen sozialen Gesamtlösung machen könnte".* [183] Wieder ist der Grund für das Dilemma unser evolutionäres Erbe, das sich unseren Ideologien widersetzt und uns weiter in den Wirbel von Anarchie und Chaos zu ziehen droht.

Auf der anderen Seite sehen Autoren wie Goldman & Blanchard in erster Linie wegen der Perspektiven der Sozial-Epistemologie einen Vorteil an der Demokratie. Obwohl sie einräumen, dass "... *Demokratie aus einer rein erkenntnistheoretischen Sicht nicht das beste System ist*", bestehen sie darauf, dass "*dies nicht notwendigerweise bedeutet, dass Demokratie ein schlechteres politisches System ist; man könnte lediglich zögern, rein erkenntnistheoretische Erwägungen das „ein und alles" politischer Attraktivität zu nennen (ein Konzept, das Estlund 2008 als "Epistokratie" bezeichnete)".* [184] Im weiteren betonen sie die Bedeutung von Meinungsvielfalt zur Problemlösung und weisen diesbezüglich auf eine Reihe von Autoren wie Hong und Page 2004; Sunstein 2006; Landemore 2011. Außerdem zeigen sie unter Verweis auf Freeman und Rawls auf die Bedeutung von Beratung für die Demokratie (deliberative Demokratie), diskutieren aber die Relevanz der Beratung unter Massen inkompetenter Menschen nicht, insbesondere für den Fall komplizierter politischer Problemstellungen. Einerseits räumen sie ein, dass "... *wissenschaftliche Studien überraschendes Versagen bei beratenden Gruppen ergaben, so zum Beispiel durch Kaskadenbildung und Polarisierung*". Andererseits jedoch bleiben sie der Meinung, dass Möglichkeiten für eine funktionierende Sozial-Epistemologie in der Demokratie noch immer nicht

---

[177] J. Brennan, Against democracy, Princeton Univ. Press 2017

[178] M. Huemer, The problem of political authority: an examination of the right to coerce and the duty to obey. Palgrave MacMillan 2013, ref. J. Brennan, Against democracy, Princeton Univ. Press 2017

[179] T. Mendelberg, The deliberative citizen: theory and evidence. In: Research in micropolitics, V.6, Political decision making, deliberation and participation, M.X. Delli Carpini, L. Huddy, R.Y. Shapiro, eds., Elsevier 2002, S.151-193, ref. J. Brennan, Against democracy, Princeton Univ. Press 2017

[180] C.R. Sunstein, The law of group polarization, Journal of political philosophy, 10, 2002, S.175-195.

[181] I. Somin, Democracy and political ignorance, Stanford Univ. Press 2013, ref. J. Brennan, Against democracy, Princeton Univ. Press 2017

[182] D. Mutz, Hearing the other side: deliberative versus participatory democracy. Cambridge Univ. Press 2006, ref. J. Brennan, Against democracy, Princeton Univ. Press 2017

[183] Tom Christiano, Democracy, The Stanford Encyclopedia of Philosophy, REF. 82.

[184] A. Goldman, Th. Blanchard, Social epistemology, REF. 52.

vollkommen ausgeschöpft seien. Schließlich räumen sie dann doch wieder ein, dass *"... auf dieser Ebene eine erfolgreiche Strategie für Demokratie nicht strikte epistemologisch wäre ..."* * [185] Dieser doch ziemlich konfuse argumentative zick-zack-Kurs ist zusätzlich geprägt von der Vermischung dreier großteils nicht vergleichbarer Entitäten: der Wahrheitsfindung in der Rechtsprechung, der Erarbeitung wissenschaftlichen Wissens, und drittens politischer Entscheidungsfindung in sozialen Fragen. Schließlich verwirrt dann der Vergleich von politischer Problemlösung und ökonomischen Theorien die Diskussion endgültig, vor allem auch deshalb, weil psychosoziale Phänomene dabei vollkommen unberücksichtigt bleiben.

Brennan bezieht sich bei seiner Kritik der Sozial-Epistemologie auf den beschränkten Wert des Condorcet -Theorems, spricht auch das "Hong-Page-Theorem" [A244] an und dessen unklare Bedeutung von "richtigem Ergebnis" unter Berücksichtigung der Tatsache, dass Millionen von Menschen erhebliche kognitive Vielfalt aufweisen, abgesehen von ihren unterschiedlichen Erwartungen und Ansichten, Mitglieder von Parteien mit konträren Ideologien usw. Die Diskussion führt an dieser Stelle nicht weiter, vielmehr sind wir mit der Tatsache großer Unterschied in Bevölkerungen konfrontiert.[186] Unter den politologischen Kritikern der Sozial-Epistemologie für Demokratie erwähnt Brennan auch A. Thompson.[187] Brennan weist auch auf Kontrahenten wie "*Landemore ... [die] beabsichtigt nachzuweisen, dass Demokratie die Epistokratie auszutricksen vermag – und dass die Faustregeln das Ergebnis von Experten meist übertrumpfen*",* [188] "*... Page selbst erklärt, dass Menschenmengen nicht immer schlau sind. Sie können schlechte, ja sogar wahnsinnige Entscheidungen treffen, entweder wenn es systemische Unklarheiten gibt oder wenn eine Neigung zu Konformität bei der Beratung die Genauigkeit und Vielfalt reduziert*".* [189] Damit erhalten wir den Hinweis auf die soziologisch-biologische Seite: Menschen neigen zur Konformität, dazu, Gruppen zu bilden, einander zu imitieren, und dazu, von charismatischen Führern manipuliert zu werden. Daher ist das Theorem nur unter Bedingungen valide, die es im wirklichen Leben kaum gibt. Zur Beratung unter Bürgern meint Brennan, dass "*In einer modernen Demokratie die Bürger zwar darin einig sein können, dass sich die Dinge verbessern sollten, dass sie aber darin uneins sind, wie das geschehen soll was man tun müsste ... Sie sind nicht in die aktive Problemlösung involviert*" und außerdem, dass "*die meisten Bürger ... auf voreingenommene und widersinnige Weise [beratschlagen]*".* [190] Sodann bezieht er sich erneut auf "*... Landemore, [die] behauptet, dass Demokratien im wirklichen Leben nicht ausreichend demokratisch sind, weil die Leute sich nicht so verhalten, wie sie sich verhalten sollten*".* Landemore meint, und damit verteidigt sie das Hong-Page Theorem, dass die Demokratie das beste System wäre, wenn sich die Menschen so verhalten würden, wie es von ihnen erwartet wird. – Eine bessere Dokumentation für das philo-

---

[185] ebd.

[186] J. Brennan, Against democracy, Princeton Univ. Press 2017, S. 173.

[187] A.Thompson, Does diversity Trump ability? An example of the misuse of Mathematics in the social sciences. Not. Of the American Mathematical Society 61, 2014, 1024-1030, ref. J. Brennan, Against democracy, Princeton Univ. Press 2017, S.181. ref chapter 7 ref. 20

[188] J. Brennan, Against democracy, Princeton Univ. Press 2017, S. 182.

[189] ebd, S. 183.

[190] ebd, S. 186.

sophische Konstrukt des „Soll-Menschen" kann man kaum noch finden. Schließlich erklärt Brennan nochmals, dass besser informierte Wähler im Gegensatz zu uninformierten auch eher richtige Entscheidungen treffen: *"Kurz gesagt, das Argument hier ist probabilistisch. Es ist eher ein abduktives als ein deduktives Argument ... wenn es aber ein abduktives Argument ist, dann ist dies fatal für Landemore's Argument. Es bedeutet nämlich, dass der demokratische Prozess systematische Fehler aufweist".* * [191]

B- Kritik der Sozial-Epistemologie für Demokratie

Bisher versuchten Forscher in den Natur- und den Humanwissenschaften, gemeinsam oder einzeln, jedoch meist auf einer theoretischen Basis, den Prozess hinter Gruppenentscheidungen in menschlichen Gesellschaften zu verstehen und zu nutzen, während andere auf die Schwächen und das Versagen solcher Abstimmungsverfahren mit dem Vermerk hinweisen, dass sich die Interaktionen zwischen bewussten und unbewussten Vorgängen bei Individuen und Gruppen als zu komplex herausstellten. Bestenfalls verdeutlichen sie den Zusammenstoß zwischen moralischen Kriterien (repräsentativ für intellektuelle Entscheidungsvorgänge) und instinktiven, unterbewussten Entscheidungsvorgängen, wobei Abstimmungen dem Verlust der ersteren gleichkommen.

Deswegen überlebt Demokratie mit der sozial-epistemologischen Ideologie und Beratung als Instrument der Wahrheitsfindung auf einem äußerst schmalen Grat zwischen beschleunigtem Abgleiten in die Mediokratie und der Autokratie-Falle.

Das Gebiet der Sozial-Epistemologie spannt sich auf zwischen *"sozialer Rechtfertigung von Überzeugung"* am einen Ende und *" ... Sozial-Epistemologen der Wissenschaft ....[die] epistemologisch bedeutsame Behauptungen (im klassischen Sinn von „Epistemologie") machen, mit denen sie den Status der Wissenschaft als privilegierte Wahrheitsquelle im Sinn von Überzeugung und Wissen anzweifeln".* * [192] Am einen Ende ist Richard Rorty's Auffassung aus dem Jahr 1979 von Wissen als der *"sozialen Rechtfertigung von Glauben"*, also eine Art von Feststellung der politischen Korrektheit von dem, was als Wissen anerkannt werden soll. Die Konsequenz von solch einem Schritt ist schwerwiegend, nachgerade ein kultureller Umkehrpunkt, denn er führt zurück in mittelalterliche Sozialstrukturen mit ihren Wissensdogmen, die zu hinterfragen unabhängig von jeglicher Evidenz lebensgefährlich war. Sollen wir tatsächlich Popper's kritischen Rationalismus vergessen und einer wolkigen Glaubensrichtung folgen, die sich über den Köpfen einer Menschenmasse zusammenbraut? Kritische Diskussion von wissenschaftlichen Inhalten ist doch ohnehin schon lange Tradition, und die Frage nach der Falsifizierbarkeit von Hypothesen. Was die Sozial-Epistemologie hier anbietet, ist im Grunde nichts als die Wiederholung der Diskussion unter Fachleuten, nun durch die Öffentlichkeit, mit der Frage, ob „wir diese Evidenz glauben sollen", besehen durch die Brille des gesunden Menschenverstandes. Wie wir wissen, bedeutet dies, unsere „unbelehrbaren Lehrmeister" zu befragen, unsere Instinkte, die uns Auskunft geben sollen über eine Welt, die für unsere Instinkte unerreichbar ist. Es bedeutet, das Geschenk der kritischen Bewusstheit an die Evolution zurückzugeben und sie selbst entscheiden zu lassen. Die Dummheit

---

[191] J. Brennan, Against democracy, Princeton Univ. Press 2017, S. 190.
[192] A. Goldman, Th. Blanchard, Social epistemology, REF. 52.

dabei wäre, dass man damit ignoriert, dass die Evolution bereits entschieden hat, denn unser Bewusstsein ist als Beweis dafür schon in uns.

Bei unserem Erkenntnisgewinn ist also entsprechend den Empfehlungen von David Hume und Karl Popper entscheidend, nicht zu sagen „ich glaube, das ist wahr", sondern "ich gehe davon aus, dass es sich hierbei um die bisher bestmögliche Hypothese handelt", entsprechend dem Vorgang, den Konrad Lorenz den Blick auf "die Rückseite des Spiegels" nennen würde. Genau an diesem Punkt fällt der Mensch immer und immer wieder über die Füße seines eigenen Denkens, Opfer des zwanghaft automatischen Denkens, das die kritische Analyse zum Schweigen bringt oder jedenfalls übertönt. Die größte Errungenschaft in einer Kultur bestünde demnach in der Überwindung dieser Falle durch Erziehung, einer Erziehung, die uns als Einzelne wie als Teil des politischen Gebildes dazu bringt, zu überwinden, was ich das „Überzeugtheits-Syndrom" nenne, das zwanghafte Glauben an eine Wahrheit, die keine sein kann, weil es keine Wahrheit geben kann kraft unserer Denkfähigkeit; es gibt nur Erfahrungen und daraus erwachsende Überzeugungen. Sie kritisch zu hinterfragen ist die höchstmögliche Leistung, denn „Induktives Wissen kann nicht logisch als Wahrheit begründet werden" (z.B.: morgen wird die Sonne aufgehen).

Als Methode zur Unterscheidung zwischen sozialer Wahrnehmung und Wissen als Resultat kritischer Analyse ist die Sozial-Epistemologie wohl ungeeignet. Aberglaube und Gerüchte, eingepasst in Vorurteile, sind der Nährboden für fatale soziale Fehlentwicklungen – „fake news" und „alternative truths" sind bereits allenthalben rund um uns.

In prähistorischer und früher historischer Zeit glaubten die Menschen in erster Linie, was Vertreter des Numinosen sie zu glauben lehrten. Im Mittelalter glaubten die Menschen weiterhin mehrheitlich, was Priester sie zu glauben lehrten, z.B. dass die Erde eine Scheibe sei und die Sonne um sie rotiert, obwohl schon seit geraumer Zeit wissenschaftliche Geister beobachtet und errechnet hatten, dass daran etwas nicht stimmen konnte. Sozial-Epistemologie ist also gefährliches Gebiet für das menschliche Gemeinwohl auf längere Sicht: Verführer der öffentlichen Meinung werden stets zur Stelle sein, die öffentliche Meinung in Richtung individueller Machtinteressen zu lenken. Nicht Sozial-Epistemologie, sondern nur tatsächliche Evidenz kann verlässliche Voraussetzungen zur Entscheidungsfindung für einen nächsten Schritt in die Zukunft bieten, wann immer verfügbar. Menschlicher Hausverstand ist – im Gegensatz zu tierischem Instinkt – gefährlich wegen des Glaubens, der Überzeugtheit, als schwer belehrbarem Interpreten der Wahrnehmung. Zu viele halbbewusste Interessen wirken bei zu vielen Gelegenheiten des täglichen Lebens als Garanten der vermeintlichen Wahrheit. In der Masse verliert der neue kritische Geist die Kontrolle über diese alten Gespenster der Wahrheit endgültig.

Demnach sollte besser die *Individual-* Epistemologie, die Erkenntnisfähigkeit des Individuums, die Aufsicht über die Verwaltung der Evidenz ausüben, und nicht die *Sozial-* Epistemologie die Entscheidung über die individuelle.

Aus dem Studium der Literatur erschließt sich mir kein Grund zur Annahme, dass die Sozial-Epistemologie sich in der Politik besser bewähren könnte als in der Wissenschaft. Vielmehr sollte man eher politische Entscheidungen als quasi-wissenschaftliches Experiment betrachten. Die dazu erforderliche Vorgehensweise würde zu evidenzbasierter Politik führen, wie ich in Buch-Kapitel III diskutiere.[193] Jedenfalls erscheint die Erwägung des zuvor erwähnten Hong-Page-Theorems auf der Ebene von Expertenberatungen als sinnvollster Ansatz für die Erörterung der bestmöglichen Lösung angesichts eines neuen Problems. Bei dieser Form von Wissenstheorie wird „Wahrheit" oder „Wissen" ersetzt durch „Hypothese" oder „Entscheidung zu einem politischen Schritt vom Standpunkt der verfügbaren Evidenz oder der besten gegenwärtig verfügbaren Annahme oder Theorie".

C- Kritik der Sozial-Epistemologie der Wissenschaft

Philosophen dieser Richtung befassen sich damit *"die epistemische Qualität individueller doxastischer* [siehe Buch S. 305] *Standpunkte aus der Sicht sozialer Evidenz [zu untersuchen]".* [194] Dies bedeutet nichts anderes als wiederum: "sollen wir glauben, was der oder die behauptet"?, oder mit nochmal anderen Worten: was glaubt das Volk zu dieser Lehrmeinung?

Meine Kritik bezieht sich nicht auf die Frage der Sinnhaftigkeit von Beratung und Hinterfragen im Allgemeinen, sondern auf die Frage, wer über wissenschaftliche Inhalte in welchem Umfang und in welcher Funktion (Autorität) darüber beraten soll. Wie wir aus dem Zitat gesehen haben, besteht mit der Sozial-Epistemologie die Absicht, die Wissenschaft sozusagen von außen zu überprüfen – und von einem autoritativen Sockel zu stürzen.

Die Frage ist zweifellos, welchen Sinn es hat, eine Menschenmenge zur Glaubwürdigkeit wissenschaftlicher Daten abstimmen zu lassen, von denen die Einzelnen keine Ahnung haben, bzw. welche Aussagekraft die Meinung einer Menschenmenge hierzu haben kann. Was anderes denn als Aberglaube, Bauchgefühl und spontane Assoziationen vorbekannter Wissensinhalte - oder kurz gesagt: die Lorenz'schen "unbelehrbaren Lehrmeister" – kann eine Volksabstimmung zu einer wissenschaftlichen Lehrmeinung ergeben?

Sozial-Epistemologen stellen die Frage nach dem *"... sozialen Charakter der Evidenz (relativ zum Agenten)".*[195] Was aber haben wir unter dem "sozialen Charakter" des Ergebnisses einer Doppelblindstudie in der klinischen Medizin zu verstehen? - Wenn Sozial-Epistemologen *"... die klassischen erkenntnistheoretisch fundierten Ansichten von objektiver Wahrheit, von Wissen und Rechtfertigung ab[lehnen] und versuchen, die erkenntnistheoretische Autorität der Wissenschaft zu entlarven",* [196] ferner, *„den Status der Wissenschaft als privilegierte Quelle von ... Wissen und berechtigtem Glauben anzweifeln"* und stattdessen auf den *„sozialen Charakter der Evidenz"* [197] hören, dann bedeutet dies, dass sie versuchen, die aus Beobachtung, Untersuchung und logischem Denken entsprungene Evidenz zu ignorieren und stattdessen auf die durchschnittliche Meinung hierzu im Volk zu setzen. Was aber ist der Hintergrund der Rechtfertigung für die Überzeugung, die als Abstimmungsergebnis aus einer Volksmasse kommt, deren Einzelne nicht wissen, wovon sie reden, wenn sie darüber beratschlagen, bevor sie abstimmen? Ein typisches Beispiel hierzu ist die

---

[193] L.M. Auer, Mensch und Demokratie. LIT-Verlag 2021, S. 305ff.
[194] A. Goldman, Th. Blanchard, Social epistemology, REF. 52.
[195] ebd.
[196] ebd.
[197] ebd.

Erfindung von Impfungen in der Medizin – ich hatte das Thema schon im Abschnitt auf Buch S. 190 angeschnitten – wo sich bis heute hartnäckig eine Gruppe von Menschen an Gerüchte und Aberglauben halten, es handle sich um Teufelszeug, und die Menschen würden davon vergiftet. Wie gefährlich solcher Unfug für die ganze Welt auswirken kann, zeigen die Proteste gegen Impfungen in der Corona-Pandemie. "Deliberative Demokratie" als Methode der Sozial-Epistemologie braucht nicht eingeführt zu werden, denn sie wurde in der Wissenschaft schon seit Jahrhunderten praktiziert, allerdings als Beratung und Diskussion unter Fachleuten, nicht der allgemeinen Öffentlichkeit. War die Methode der kritischen Analyse eines beobachteten Umweltphänomens durch einen einzelnen Menschen nicht die bessere Methode zum Auffinden von „allgemein oder breit anerkanntem Wissen"? Nun ja, die Antwort fällt zwischen die bisher genannten Wahlmöglichkeiten, denn vor dem Einzelnen als Forscher wird auch die Kollegenschaft der anderen Experten zur misstrauischen Menschenmenge: Entdeckungen wurden meist auch von der sogenannten Fachwelt ignoriert, bestenfalls verlacht und verhöhnt. Neue Erkenntnisse mussten – und müssen mitunter immer noch - die alten überleben, wie der Volksmund erkennt, oder sie wurden gar erst posthum erkannt und anerkannt. So musste Charles Darwin diesen Spießrutenlauf zynischer und entwürdigender Kritik ertragen. Und wer außer einigen Kreationisten bezweifelt heute seine Evolutionstheorie? Das lebensgefährliche Unterfangen von Galilei's Veröffentlichung und einer Reihe seiner Leidensgefährten aus Wissenschaft und Philosophie habe ich schon zuvor erwähnt (s. S. 29).

Der wissenschaftliche Geist muss also ohnehin durch die Prüfung der Sozial-Epistemologie, allerdings in diesem Fall einer „sozialen Epistemologie der Wissenschaft", die sich auch auf die wissenschaftlichen Experten beschränkt, nicht aber jene von Expertengremien anerkannte Wissensinhalte von der Allgemeinheit hinterfragen lässt. Auch hier findet eine soziale Rechtfertigung statt, die darin besteht, dass die neue Erkenntnis nachweisen muss, wo die bisherige einen Fehler machte. Hierbei allerdings geht es nicht nur um die Überzeugtheit unter dem Diktat der Lorenz'schen unbelehrbaren Lehrmeister, sondern es geht auch um Macht: denn "Wissen" wurde nach der physischen Kraft der neue Machtfaktor, zuerst der Medizinmänner und Priester, dann der politischen Machthaber und ihrer hierarchischen Pyramiden. Für die Wissenschaft bedeutete dies für lange Zeit, dass die Platzhirsche des anerkannten Wissens erst aussterben mussten, bis sich neue Theorien mit den neuen Herrschern über einen Wissensbereich durchsetzen konnten. Dieses Wissen war jeweils Glaubensinhalt für die Masse der Menschen.

Nach den religiösen und den staatlichen Machthabern sind nun auch die Wissenschaften an der Reihe, vom Volk auf ihre tatsächliche Macht hinterfragt zu werden. Das dürfte der wahre Grund für das Fortbestehen der Condorcet'schen Thesen sein, und ihres Wiederauflebens unter dem Namen „Sozial-Epistemologie". Nur: die Demaskierung hat bereits stattgefunden, ist bereits Praxis in der wissenschaftstheoretischen Aufarbeitung neuer Erkenntnisse: der kritische Rationalismus von Karl Popper mit seiner Forderung nach der Falsifizierbarkeit neuer Theorien und die Notwendigkeit der Wiederholung neuer Forschungserkenntnisse zur Bestätigung ihrer Richtigkeit ist Alltag in der Forschung. Stattdessen das Volk abstimmen zu lassen, ob man glaube, dass neue Forschungsergebnisse stimmten, wäre ein Schritt rückwärts in der kulturellen Evolution, nicht vorwärts.

Die Herausforderung besteht also nicht darin, das gesamte Menschenvolk in die Falle
von „Glauben" tappen zu lassen, sondern der wissenschaftlichen Gemeinschaft nicht
zu erlauben, von den Regeln der kritischen Analyse abzulassen.

Die „Sozial-Epistemologie der Wissenschaft für die Allgemeinheit" macht die Dinge
also nicht besser, sondern schlechter; sie nutzt archaische Verhaltensmuster, statt
sie zu überwinden. Was der Zukunft menschlicher Gemeinschaft nützt, ist Wissens-
und Entscheidungsfindung auf der Basis von Evidenz ohne Machtanspruch. Eine
„Sozial-Epistemologie der Wissenschaft für die Experten" ist ohnehin Selbstverständlichkeit.

D- Kritik der Sozial-Epistemologie der Moral

Sie steht jener der "Sozial-Epistemologie der Wissenschaft für die Allgemeinheit" an
Fragwürdigkeit in nichts nach.

An seiner Moral erkennt der Mensch seinen Unterschied zu allen anderen Lebewesen, denn sie ist Folge der bewussten Erkenntnisfähigkeit und der daraus resultierenden Schaffung von Kultur, die sich von den autonomen Verhaltensregeln als
Ergebnis der genetischen Evolution zu distanzieren und eine neue, menschliche
Sozialordnung zu schaffen beginnt.

Wie bei der wissenschaftlichen Erkenntnis ist es wohl auch bei der ideologischen
Sozialmoral so, dass Einzelne eine Ordnung erdacht haben, zwar angepasst an die
kreatürlichen Gegebenheiten der Menschen – oder gerade ihretwegen – aber eben
erdacht, nicht aus den Tiefen der Evolution erwachsen. Diese Ersten waren zumeist
Religionsgründer oder philosophische Lehrer wie Konfuzius, Buddha, Jesus von
Nazareth oder Mohammed, dazwischen die griechischen Philosophen und ihre
Schulen. Aus ihren metaphysischen Offenbarungen und Überlegungen, oder als
Ergebnis des Beobachtens und Nachdenkens über die menschliche Natur, ergaben
sich wie selbstverständlich Regeln für ein rechtes Leben. Ab diesem Punkt entwickelte sich die Sozialordnung – und mit ihr die Moral - gerade wie in der Politik
nach der Schaffung einer neuen Verfassung: je mehr über diese Regeln beratschlagt
wurde, desto mehr entstanden daraus Debatten, Streitgespräche und schließlich
zerstrittene Sekten in zunehmend unüberschaubarer Zahl. Nun, da die Menschen
nicht nur ihre Regenten, sondern auch ihre Götter wegzuschicken begannen, blieb
die Frage nach der Moral vereinsamt stehen. An ihrem Platz wollen nun Philosophen
der Sozial-Epistemologie neues Leben erstehen lassen und fragen sich "... *auf welche
Weise soziale Mechanismen und Praktiken die Aneignung echter moralischer Überzeugung fördern können*".* [198]

Unterscheidet sich aber die Frage nach der rechten Moral von irgendeiner anderen
Frage betreffend das öffentliche Interesse? Würde das Interesse der durchschnittlichen Bevölkerung in einer Abstimmung über Moralität zu einheitlichen Regeln
finden, die über den Horizont des Hedonismus hinausreichen? Bliebe eine aus der
Gesellschaft geborene Sozialmoral nicht auf der Ebene von Neid, Missgunst und
Misstrauen haften, solange eine Erziehung zu wirklich sozialen Wesen gemäß einer
anerkannten Moral nicht stattgefunden hat? Und hätte eine solche Erziehung dann
einmal stattgefunden, wäre dann nicht jedes einzelne Individuum dieser Gesellschaft
selbst Repräsentant und Garant einer solchen Moral? Jedenfalls scheint klar zu

---

[198] A. Goldman, Th. Blanchard, Social epistemology, REF. 52.

werden, dass eine öffentliche Debatte über Sozialmoral derzeit einem Anachronismus gleichkäme, Gespräch unter moralisch weitgehend Taubstummen.

Zahlreiche Signale aus der gesellschaftlichen Entwicklung in unserer Ära weisen darauf hin, dass die Demokratien der Königinnen und Könige als Bürger auch auf dem Gebiet der Moral niemanden mehr über sich tolerieren wollen. Jeglicher Moralanspruch wird als Zumutung empfunden, sofern er nicht in Form eines Gesetzes schon wieder Despot geworden ist. Sogar der wohlmeinende Rat dessen, der um Rat gefragt wird, riskiert schon, einer Kompetenzüberschreitung bezichtigt zu werden; hierzu ein Beispiel aus der Medizin: *"... zur Art, wie die Ärzte praktizieren ... : warum nur bedienen sich hochgebildete Individuen derart leicht durchschaubar falscher Argumente, um ihr paternalistisches Benehmen zu rechtfertigen? ... institutionelle Mechanismen und soziale Normen, die den sozial privilegierten Status der medizinischen Profession unterstützen, die dazu neigen, die Fähigkeit der Ärzte zur Selbstkritik außer Kraft zu setzen ..."* * [42]

Aus meiner persönlichen beruflichen Perspektive kann ich aus solchen Aussagen keinen Nutzen für ein Fortkommen der Gesellschaft erkennen; ich höre daraus vorwiegend Zeichen einer zerfallenden Gemeinschaft, zerbrochen in Arroganz und Misstrauen, die vorwiegend der Selbstzerstörung zuarbeiten. Als Arzt gibt man Rat und Hinweis nach bestem Wissen. Dies als Bevormundung zu bezeichnen ist ebenso naiv wie unbedacht, allenfalls ignorant aus Mangel an Erfahrung: als Patienten, besonders im Falle lebensbedrohlicher Erkrankung, verlieren die Menschen Halt und Orientierung. Im Krankenhaus suchen sie nach einem letzten Winkel von Vertrauenswürdigkeit und Sicherheit. Die Mehrzahl der Menschen überlässt dann die volle Last der Verantwortung über das eigene Schicksal jemandem, der diese Gefahr für sie beherrscht und meistert. Kaum jemals habe ich Menschen erlebt, die unseren statistischen Erklärungen und Beschreibungen von Alternativen zuzuhören bereit waren. Die Last der Entscheidungsverantwortung ist es, die der Arzt übertragen bekommt und dann auch wohl oder übel übernehmen muss – ich habe es tausende Male selbst erlebt. Nur wer diese Lebenssituation nicht kennt, kann hier von Bevormundung sprechen. Patienten nehmen Ratschläge in aller Regel nicht als solche, sondern als Segen. Freie Wahl zum Zwang zu machen, sie allein den Patienten aufzubürden, würde vielleicht gesunde Philosophen der hier besprochenen Disziplin befriedigen; Patienten stürzte sie in arge Entscheidungsnot und Verzweiflung. Wer nicht behandelt werden will, geht am besten nicht zum Doktor. Wer selbst entscheiden will – ich kenne davon nicht viele – ist frei und willkommen, dies zu tun. Unethisches oder kriminelles Verhalten von Ärzten steht hier nicht zur Diskussion; dafür gibt es die Gerichte. Mit ihrem Text haben die hier zitierten Autoren demonstriert, wie der Kampf um Freiheit sich selbst zur Diktatur machen kann, und alle anderen, die anderer Meinung sind als sie, gleich mit dazu. Jedenfalls klingt diese Forderung nach Befreiung vom paternalisierenden Diktat der Ärzte eher nach der nicht mehr enden könnenden Jagd auf Autoritäten, die es am Weg in die Diktatur von Mehrheit und Mediokratie noch zu vernichten gilt.

E23 Kritik der deliberativen Demokratie

Auch wenn Gesprächsrunden insoferne eine positive und damit befriedende Wirkung haben können, als in Debatten „Dampf abgelassen" werden kann, und weil Menschen am Rande im persönlichen Gespräch Kontakte knüpfen (die allerdings meist wieder Parteilichkeit stärken), so überrascht aus der objektiven Sicht von Studienergebnissen dennoch, dass „deliberative" – beratende" Demokratie im 20. Jahrhundert weitergetragen, nun in unseren Tagen gepflegt wird,[199] trotz aller Warnungen und Bedenken fortgesetzt bauend auf eine Sozial-Epistemologie, deren Schwächen entgegen allen Bemühungen auf allen Ebenen offenbar geblieben sind.[200] Goldman & Blanchard beziehen sich auf Benjamin Page's politologisches Credo, wonach *"... öffentliche Debatten für die Identifikation von Wahrheit(en) betreffend den besten Weg zur Förderung des Gemeinwohls sind". *[201]* Dabei wird jedoch, wie auch an anderen Stellen in der rezenten Literatur, immer wieder unbeachtet gelassen, dass man nur über die Debatten selbst und die darein gelegten Erwartungen spricht, nicht über deren tatsächlichen Einfluss auf die Politik bzw. die Qualität der Ergebnisse aus der Sicht des Gemeinwohls.[202] Rosenberg argumentiert, dass Autoren wie Habermas, Gutmann und Thompson, Cohen, Bohman, Dryzek, Benhabib und Chambers eine sogar noch weiterreichende Beratungskultur in der demokratischen Praxis befürworten, besonders wenn es um die Zersplitterung von Gesellschaften multi-ethnischer Staaten geht; er meint auch, dass man zumindest als positiv hervorheben könne, dass deliberative Demokratie *" wenigstens ein teilweises Heilmittel gegen den sozialen und politischen Abbau in den etablierten Demokratien ..." * [203]* sei. Blickt man auf die heutige Welt mit ihren immer weiter in Hälften oder noch mehr Teile zerstückelten demokratischen Ländern, so wird daraus offenbar, wie sehr „teilweise" dieses Heilmittel wirkt. Anstatt Nationen zusammenzuführen, bewirken politische Debatten neuerdings, dass zusätzlich zum kalten Krieg der Parteien sogar schon die Parteien selbst sich aufsplittern und aufzulösen beginnen, vor allem aber, dass Abordnungen aus dem Volk gegeneinander aufmarschieren.

Noch eindrucksvoller jedoch erscheint mir die Beobachtung, dass diese Theorien sich immer weiter in eigene theoretische Überlegungen einspinnen und von der politischen Wirklichkeit entfernen: manche vermitteln den Eindruck von Rednern, denen niemand zuhört. Projiziert man beispielsweise Rawls' Forderung auf das heutige Szenario, dass die Bürger logisch, rational und vernünftig sein müssten, so kann man allenfalls einen weiteren Tribut an den „Soll-Menschen" daraus ableiten, einen Ruf, den die "Ist-Menschen" sicher nicht hören, solange sie nicht dazu erzogen wurden.

Insoferne stimme ich überein mit Habermas [204] und seiner Definition des Individuums als einer Art Funktion seines sozio-kulturellen Umfeldes, denn das Kind

---

[199] L.M. Auer, Mensch und Demokratie. LIT-Verlag 2021, S. 230ff.

[200] ebd, S. 52, S. 227ff, S. 257f, S. 307, A321.

[201] Benjamin Page, 1996, ref. in A. Goldman, Th. Blanchard, Social epistemology, REF.52.

[202] Shawn W. Rosenberg ed., Deliberation, participation and democracy. Can the people govern? Palgrave Macmillan 2007

[203] ebd

[204] Jürgen Habermas 1979, 1987 reffs. Shawn W. Rosenberg ed., Deliberation, participation and democracy. Can the people govern? Palgrave Macmillan 2007)

nimmt seine Umwelt als Muster und Vorbild auf. Woher als durch Erziehung aber soll der Mensch, der Durchschnittsbürger einer heutigen Demokratie, herbekommen, was Habermas als "*... die zivilisierende Rolle eines demokratisch aufgeklärten Common sense ...*" beschreibt? (das weitere Zitat findet sich auf S.144). Der „Soll-Mensch" der Philosophen kennt vorwiegend nur seine und seiner Interessensgruppe Interessen, die es zu verteidigen gilt, wohingegen Altruismus und Motivation zur Tätigkeit im Interesse des Gemeinwohls selten sind, wenn überhaupt vorhanden. Nur Erziehung kann aus dieser absurden Situation der gleichzeitigen Abhängigkeit von diesem Gemeinwohl und dem Desinteresse daran trotz gleichzeitigen Lebenswillens retten. Beratungen, Debatten und Diskussionen ja, aber getrennt von Entscheidungen, ohne Abstimmungen, deren Ergebnis von keinerlei Evidenz untermauert wird.[205]

E24 Das Ende der alten Welt

Diese Welt zeigt, dass es mit ihr zu Ende geht. Die Menschen erkennen, dass es so nicht weitergehen kann. Sie fühlen, dass ein Sturm von Wandel aufkommt. Manche suchen ein Versteck, Andere Ablenkung im Weitermachen wie bisher. Wieder Andere sehen darin ihre Chance, jetzt loszuschlagen und aus der Verunsicherung der Anderen das große Los für sich zu ziehen. Sturm kommt auf. Propheten haben ihn vorhergesagt. Aber was haben diese Propheten gesehen, was haben sie beschrieben? Haben sie die Lösung aus dem Dilemma beschrieben, oder die Ausweglosigkeit? Oder waren sie gar keine Propheten, sondern Erkennende, die warnen wollten vor einem drohenden Ende ihrer zu Ende gedachten Welt? Ändert euch, oder ihr werdet untergehen? Geht in euch, dort findet ihr die Lösung dieses Rätsels? Warnung, nicht Prophetie? Endzeit für die alte Welt nur, nicht Ende, wenn die Neue beginnt, bevor die alte zu Ende.

Die Natur hat einen Webfehler in sich entdeckt. Sie hat den Menschen hervorgebracht, damit er ihr diesen Webfehler ausgleiche. Der Mensch sollte die Fähigkeit bekommen, den Weg der Natur durch die Zeit nachzuzeichnen und über ihr Ziel nachzudenken. Darüber sollte er den Webfehler entdecken und verstehen, dass, wollte er überleben, dies nur gelingen kann, wenn er diesen Webfehler ausgleicht. Der Mensch sollte erkennen können, dass er selbst der Ausdruck dieses Webfehlers der Natur ist, der leibhaftige Repräsentant dieses Fehlers in der wirklichen Welt. Er sollte aber auch die Fähigkeit erhalten, einen Ausweg zu finden, die Lösung des Rätsels. Er würde also in der Welt stehen, als Webfehler, der sich selbst reparieren könnte, wenn, ja wenn er sich denn ans Werk machte.

Der Mensch ist Repräsentant einer zur Selbstbewusstheit verwirklichten Evolution.

Irgendwann müssen die Gene „erkannt haben", dass sie mit der Methode, auf Kosten der Anderen zu überleben,[206] am Ende nicht überleben werden, wenn der letzte, das letzte Lebewesen, allein dasteht [207] – das könnte nur eine Pflanze sein, kein Tier, das

---

[205] L.M. Auer, Mensch und Demokratie. LIT-Verlag 2021, S. 315.
[206] Richard Dawkins, The Selfish Gene, Oxford Univ. Press 2006 (1976)
[207] Elias Canetti hat das Phänomen als paranoische Machtkrankheit beschrieben (Masse und Macht, Claassen 1960).

von Tier oder Pflanze lebt.

Stehen zwei Menschen einander gegenüber, die wissen, dass beide sterben, wenn sie nuklear losschlagen, was werden sie tun?

Nur der Mensch erkennt, der Mensch repräsentiert, der Mensch *ist* diese Erkenntnis der Gene der tierischen Lebewesen: wenn "Überleben auf Kosten der Anderen" das Überlebensprinzip der Gene schlechthin ist, dann kommt der Punkt, an dem der Siegerpool vor dem Nichts steht, der letzte Überlebende, denn er kann von nichts mehr leben. Diese Erkenntnis muss das Resultat des Erkenntnisprozesses der Gene im Laufe der Evolution geworden sein: dass ihre Strategie letztlich zur Selbstvernichtung führen muss. Also bedurfte es der Erfindung eines Auswegs: er besteht darin, dass die Evolution sich mit ihrer Erkenntnis einrollte, um sich spiegeln zu können, um diese Erkenntnis auf einen Spiegel projizieren zu können, als Selbsterkenntnis ihrer Erkenntnis. Diese Selbsterkenntnis ist verwirklicht im Bewusstsein, in der Selbst-Bewusstheit des menschlichen Denkens: in diesem Denken rollt sich die im Laufe der Evolution gemachte Erfahrung aus, wird zurückverfolgt bis zu ihren Anfängen und dem Beginn des Universums, und von dort zurück herauf bis in die Gegenwart, dort, wo dieses Denken vor der Frage steht: was nun?

Diese Frage darf natürlich nicht erst gestellt werden, wenn der letzte Genpool sich alleine auf der Welt stehen sieht, denn das ist die Zeit kurz vor dem Ende.

Die Antwort muss also spätestens im vorletzten Moment gefunden werden: sie wird gesucht in und zwischen den letzten beiden Überlebenden, die einander umstreifen mit der Überlegung, wie sie den anderen überwinden können, um als alleiniger Sieger übrigzubleiben. An dieser Stelle spielen zwei Informationen eine entscheidende Rolle: erstens: der atomare Radikalschlag scheidet aus, weil er die leicht erkennbare gleichzeitige Selbstvernichtung bedeutet. Es kann also nur auf dem Wege konventioneller Waffen gelingen. Zweitens: der Mensch lebt in Gedanken planend in der Zukunft, aufbauend aus seinen Erfahrungen, die seine Erinnerung füllen. Planend in die Zukunft schauend überlegen sich also diese beiden Letzten, die da einander gegenüberstehen: was käme als nächster Schritt, wenn ich den anderen besiegt haben würde? Spätestens jetzt erkennen also beide, dass sie mit der Überwindung des letzten Gegners sich selbst vernichten, weil es für einen Einzelnen keine Überlebensbasis mehr gibt.

Sie stehen also einander gegenüber und erkennen Jeder im Blick des Anderen diese Erkenntnis. Sie sehen einander an wie Kain den Abel und Abel den Kain. Sie verstehen den Wahn, an dessen Endpunkt sie beide diese Erkenntnis haben, eine, die Kain und Abel noch nicht hatten, die sie hätten haben können, die sie aber nicht hatten: gleich, wer wen von beiden tötet, du tötest dich damit letztlich selbst. Also erfüllen sie den Plan der Gene, nehmen den Ausweg aus dem Dilemma und schließen eine Allianz der Vernunft in Reziprozität. Die beiden Letzten können wir sein, die Menschen der Gegenwart: wir können zu den Gründern eines neuen Sozialsystems werden, das eine friedliche Welt der Regionen und Kulturen ordnet, globale Demokratie der Demokratien in Reziprozität.[208]

Vernunft besteht jetzt also darin, aus der Erkenntnis des Dilemmas der Gene, dass sie ihrer Selbstvernichtung entgegensteuern, (und zu ihrer eigenen Rettung den Menschen geschaffen haben, der sie davor retten soll), aus dieser Erkenntnis den

---

[208] L.M. Auer, Mensch und Demokratie. LIT-Verlag 2021.

Schluss zu ziehen, dass Reziprozität Alle überleben lässt. Der Repräsentant dieser Vernunfterkenntnis in der wirklichen Welt ist der Mensch.

Die Natur, die Gene, haben erkannt, dass der Pflegetrieb als Garant der Sicherung des eigenen Fortbestehens in künftigen Generationen nicht ausreicht, weil die erwachsenen Individuen allesamt dem Prinzip des Überlebens auf Kosten der Anderen folgen, und damit am Ast sägen, auf dem der Genpool selbst sitzt. Der Pflegetrieb schützt Nachkommen und Familie, Clan, bestenfalls Nation. Doch schon die Nationen fressen sich selbst innerlich auf, indem Stämme dort gegeneinander, die einen auf Kosten der anderen, zu überleben suchen, Jeder in Hedonismus des Anderen Feind wird. Letztlich schließt sich der Kreis dort, wo die zwei letzten überlebenden Nationen, bzw. deren Repräsentanten, einander gegenüberstehen mit der Frage, ob jemand überleben wird. Jedenfalls scheint sich zu erweisen, dass im Überlebensfall die Entscheidung durch Umsetzen von Erkenntnis, geschöpft aus bewusster Denkkraft fällt, wie schon Lebon in der Überschau seiner Erfahrungen meinte.[A81]

Auch eine weitere Erkenntnis weist den Weg: die Erkenntnis des Erkennenkönnens und Beherrschenkönnens der eigenen blinden Überzeugtheit, von Verhaltensforscher Konrad Lorenz benannt als unsere „unbelehrbaren Lehrmeister". Lorenz selbst entmutigt zwar zunächst, indem er meint: *„Ganz offenbar müssen überwältigend starke Faktoren am Werke sein, die imstande sind, der individuellen Vernunft des Menschen die Führung so vollständig zu entreißen, und die außerdem völlig unfähig sind, daraus zu lernen".*[209] Unbelehrbar ist sie wohl, diese Überzeugtheit. Dazu kommt, dass jede neue Generation nicht willens ist zu glauben, dass die Folgen der eigenen Eigenschaften tatsächlich dorthin führen, wohin sie bereits frühere Generationen führte. Jede Generation glaubt, das läge an persönlichen Fehlern der Vorgenerationen, nicht an einem Systemproblem menschlichen Verhaltens. Dies bedeutet aber nicht, dass man sie nicht überlisten könnte. Ich meine jedenfalls, dass es nicht richtig ist zu behaupten, dass wir völlig unfähig wären, aus der Beobachtung unseres Verhaltens zu lernen, unser Verhalten zu ändern. Denn man kann sagen, dass wir den freien Willen hätten, entgegen drängender innerer Überzeugtheit zu entscheiden und zu handeln, wir sind also nicht un*fähig*, sondern allenfalls un*willig* aus selbstzerstörerischer instinktiver Dummheit. Ich meine, dass auch in dieser Erkenntnisfähigkeit, ebenso wie angesichts des instinktiven eigenen Überlebenwollens auf Kosten der Anderen, eine Überlebenschance für die Art „Homo sapiens" liegt, zusammen mit der Erkenntnis, dass in dieser unbelehrbaren Überzeugtheit ein fataler Fehler der Evolution liegt, eine Erkenntnis, mittels derer sich die Evolution mit Hilfe des durch sie entstandenen Menschen selbst heilen könnte, eine Erkenntnis, die um Jahrtausende älter ist als die Biologie. Denn es nützt uns nicht zu erkennen, dass *„Alle diese erstaunlichen Widersprüche ... eine zwanglose Erklärung [finden] und sich lückenlos einordnen [lassen], sowie man sich zu der Erkenntnis durchgerungen hat, dass das soziale Verhalten des Menschen keineswegs ausschließlich von Verstand und kultureller Tradition diktiert wird, sondern immer noch allen jenen Gesetzlichkeiten gehorcht, die in allem phylogenetisch entstandenen instinktiven Verhalten obwalten, Gesetzlichkeiten, die wir aus dem Studium tierischen Verhaltens recht gut*

---

[209] K. Lorenz, Das sogenannte Böse. DTV 2010 (1963), S.223

kennen,"[210] nicht, solange wir daraus die Konsequenz nicht ziehen, mit deren Hilfe wir uns selbst am Schopf packen und retten.

E25 Der ideale Staat?

Die Vision von „Erfüllung" in unserem Bewusstsein, die Idealvorstellung von einem Ziel, sie ist die Quelle für Probleme in der Politik: der Traum, das Bild von einer Zukunft, der wir Alle zustreben sollen, darin liegt der Kern des Problems, weil nämlich Alle von uns ein anderes Bild davon haben, die Vorstellung von einer ganz eigenen, privaten Zukunft, gleich ob säkularen oder religiösen Ursprungs, erdgebunden oder metaphysisch. Sigmund Freud wagte keine Vorschläge zum Dirigieren der kulturellen Evolution: er begründet, warum er keine Prognose abgeben will, und endet seinen Text über den Konflikt zwischen Individuum und Gesellschaft mit einem Fragezeichen: *„Meine Unparteilichkeit wird mir dadurch leicht, daß ich über all diese Dinge sehr wenig weiß, mit Sicherheit nur das eine, daß die Werturteile der Menschen unbedingt von ihren Glückswünschen geleitet werden, also ein Versuch sind, ihre Illusionen mit Argumenten zu stützen. ... So sinkt mir der Mut, vor meinen Mitmenschen als Prophet aufzustehen, und ich beuge mich ihrem Vorwurf, daß ich ihnen keinen Trost zu bringen weiß, denn das verlangen sie im Grunde alle, die wildesten Revolutionäre nicht weniger leidenschaftlich als die bravsten Frommgläubigen."* Nach einem Hinweis auf die immer perfekteren Methoden zur Selbstvernichtung meint er, es sei nun *„ ... zu erwarten, daß die andere der beiden 'himmlischen Mächte', der ewige Eros, eine Anstrengung machen wird .... Aber wer kann den Erfolg und Ausgang voraussehen? "* [211]

Aus politischer und philosophischer Sicht scheint der „Ideale Staat" ein Äquivalent der Vorstellung vom Himmelreich zu sein, eine Art von irdischem Jerusalem in Frieden und Wohlstand als Simulacrum des himmlischen Jerusalem der mosaischen Religionen. Der Gottesstaat mit seinen von Gott gegebenen Gesetzen für soziale und individuelle Verhaltensordnung, mit einem kosmischen Weltbild vom Uranfang bis in die Ewigkeit - diese Art von Staat ging in Europa in der zweiten Hälfte des Mittelalters zu Ende, als nach der *„majestätischen Mittagsstille"* [212] die Schrecken von Pest und Hungersnöten hereingebrochen waren. In der muslimischen Welt begann die Befreiung mit dem „Arabischen Frühling"; nach dem Umsturz in Libyen, Tunesien, Ägypten und Irak ist nun Syrien seit Jahren in Krieg und Umbruch, und Anzeichen von Unruhen werden in Saudi- Arabien und Iran sichtbar. Jegliche Entschlossenheit zu einem *„letztendlichen politischen Ziel, oder Idealstaat"* ist verantwortlich für Spaltung statt Einheit, wie wir in ausreichendem Umfang aus der Geschichte der Religionen und Himmelreiche auf Erden wissen.

Die Spaltung der Mosaischen Religionen begann mit der Debatte zwischen den Heiligen Petrus und Paulus um das Jahr 45 n.Chr., als die Christen begannen, ihren eigenen Weg weg vom Judaismus zu gehen. Offiziell begann sodann das Christentum als Römische Staatsreligion im Jahr 325 n.Chr. mit der Entscheidung am ersten

---

[210] ebd

[211] S. Freud, Das Unbehagen in der Kultur, Fischer 1965 (orig. 1930), S. 128.

[212] E. Friedell, Kulturgeschichte der Neuzeit, Bd.1, Die Krisis der europäischen Seele von der schwarzen Pest bis zum Ersten Weltkrieg, Bd.1, DTV 2005, S. 89.

Konzil in Nicäa in Anwesenheit von Kaiser Konstantin; Arius wurde damals als Abtrünniger Sektierer exkommuniziert. Außer den beiden großen Schismen, zwischen der Orthodoxen und der Römischen Kirche, und danach zwischen der Katholischen und der Protestantischen, spaltete sich die Christenheit in hunderte weiterer Kirchen und Sekten. Im Judentum war dem eine ähnliche Entwicklung bereits seit geraumer Zeit vorangegangen. Vom „Ur-Islam" spalteten sich bald nach dem Tod Mohammeds die Schiiten ab; in der Folge entstand eine größere Anzahl von Sekten als im Christentum.

Die politischen Architekten glaubten verstanden zu haben, als sie die gegenwärtige liberale Demokratie entwarfen. Sie versuchten das Problem ehrlich zu lösen, blieben dabei aber in *der* Weise naiv, wie sie den „Faktor Mensch" ignorierten: sie hatten zwar gelernt, dass Endziele aus sozialpolitischer Sicht keine realistische Option sind, sondern nur für individuelle Lebensplanung. Sie hofften die Religionsfalle durch Religionsfreiheit im Sinne der Idee einer freiheitlichen Gesellschaft zu umgehen, Freiheit sogar für alle Religionen – und deren Kulturen, individuelle Freiheit insgesamt. Darin aber lag der naive Irrtum: sie waren damit zurück in der Ideologiefalle der Toleranz-Paradoxie [213] und versuchten, den „Soll-Menschen" als Negativ-Abdruck der Gesetze einzuführen, indem sie die menschliche Natur ignorierten, statt sie mit einzubinden. Was heute in den Demokratien nach Art der amerikanischen Federalists [A65] geschieht, ist also die Folge der Schaffung eines liberaldemokratischen Staates, in dem Erziehung als Angriff auf die persönliche Freiheit gilt – ein inhärenter Systemfehler zur Selbstzerstörung. Die liberale Demokratie, die unweigerlich zu Individualismus und seinen Konsequenzen führt, ist entlarvt als lediglich eine weitere Utopie, bei der man diesmal zu bedenken vergaß, dass Individualismus die Regentschaft des Individuums bedeutet, das seine eigene Lebensader ignoriert: die Gesellschaft; das kurzlebige Reich, in dem es nur Könige und Königinnen gibt, eine „Ich-Nation".
Liberalismus ohne die entsprechende Erziehung ist jene Kraft, welche die labile Balance zwischen egozentrischem und sozialem Verhalten zerstört. Schlecht erzogene Individuen an der langen Leine lassen Andere im Stich und zurück. So beginnt Demokratie in Selbstzerstörung gegen ihre eigenen Ziele zu wirken; ihre Gründungsväter hatten den Automatismus nicht erkannt. Ich sage dies alles, weil uns mittlerweile die Psychologie lehrt, was der Alltag bei genauem Hinsehen schon über die Jahrhunderte hatte erkennen lassen: wer die menschliche Natur missachtet und die rachsüchtige Reaktion der von der Gesellschaft Zurückgelassenen, den bestraft die Natur dafür, dass er sie aus seinen Idealen auszusperren trachtete. Die Folge ist Polarisierung am Beginn des Endes im Chaos.

Daher kann die Konsequenz für eine Demokratie nur sein: die Utopie-Lektion ist gelernt, Endziele sind Privatangelegenheit; sie sollen nicht Aufgabe der Politik sein, auch nicht Erwartungen, Hoffnungen und Träume. Sie sind für ein demokratisches Konstrukt nicht hilfreich, auf lange Sicht für überhaupt kein Sozialsystem nützlich; ein liberaler Staat, der sein Haus auf den Träumen seiner Bürger baut, indem er versucht, zuerst das Dach zu errichten, wird keinen Erfolg haben. Individuelles Vergnügen und Selbstverwirklichung als Endziele einer Gesellschaft kündigen deren

---

[213] L.M. Auer, Mensch und Demokratie. LIT-Verlag 2021, S. 122ff.

bevorstehendes Ende an. Gebäude stehen auf ihrem Fundament, sie hängen nicht vom Himmel. Dementsprechend sind werdende und wiedergeborene Staaten gut beraten, zuerst ihr Fundament zu bauen. Dabei ist zu bedenken, wen das Gebäude beherbergen soll: Menschen, nicht „Soll-Menschen", aber auch nicht des Menschen Träume – dass alle Nationen bereits auf dem Fundament oder den Ruinen ihrer Religionen stehen, den „religiösen Werten", bedarf der genauen Prüfung, was davon Museum der kulturellen Evolution werden soll, und was Werte von gemeinsamem Interesse repräsentiert.

Alle Sozialsysteme der westlichen Nationen fußen auf christlichen Werten, gerade so wie jede der nicht-westlichen Nationen auf den Fundamenten von deren Religionen entstanden ist. Man sollte an diesem Punkt nicht vergessen, dass ein Gutteil dieser religiösen Werte auf sehr erdgebundenen, praktischen Regeln kultureller Traditionen ruht: dies gilt für sieben der christlichen „Zehn Gebote", für den Großteil der Regeln im Islam (auch abgesehen von den „Fünf Säulen"), und ebenso für die Mehrzahl der Verhaltensregeln im Judaismus. Sie alle unterscheiden sich nur an ihrem metaphysischen Ende, dort, wo du gefragt wirst, ob du Gott glaubst oder an Allah. Diese Erkenntnis ist auch der Ausgangspunkt für Bewegungen wie "Global Ethic".[214]

Jedoch darf man auch nicht den Fehler machen, dieses „metaphysische Ende" zu belächeln: die menschliche Seele, so etwas wie ihr „Gesamtdasein", der Inbegriff des Gesamterlebnisses, das sich aus einem bewussten und einem unbewussten Teil zusammensetzt und uns in ein „Gesamterlebnisgefühl" badet – diese Seele ängstigt sich vor den unbekannten Sphären, die ihr bewusst werden und doch unbekannt bleiben, von denen sie weiß, dass es sie geben muss, weil wir von ihnen kommen und dort auch wieder hingehen. Der Glaube, die Gewissheit an eine vollständige Welt, gibt innere Ruhe und Geborgenheit, eine Welt mit Boden und bevölkertem Himmel, mit Anfang und Ende der Zeit. Der Bau dieses schützenden Weltengebäudes ist schon von den Sumerern bekannt und reicht in deren Geschichte wahrscheinlich zurück bis zu der Ankunft der ersten Menschen im fruchtbaren Halbmond. Welche irdische Macht auch immer wagte, an den Fundamenten dieses religiösen Weltengebäudes zu rütteln oder gar versuchte, es zu zerstören, schlug binnen kurzer Frist fehl, sei es der russische oder der chinesische Kommunismus oder andere Betrüger an der Menschenseele. Was Wunder, dass Propheten auf das Volk zeigen, wenn es keine Machthaber mehr zu beschuldigen gibt.

Dieser säkulare demokratische Westen ist also der nächste Kandidat – er hat noch eine Chance, wenn er der Freiheit den rechten Platz zuweist und sie zu innerer Freiheit zu werden erzieht, anstelle der missverstandenen äußeren, sozialen. Diese innere Freiheit, und die innere Ruhe aus einem Glauben, sind das Fundament sozialer Ordnung in gegenseitiger Achtung. Bedenken wir es wohl, so ist doch alles *Glauben*, worin wir denkend leben. Jedoch: ohne den Schutz der Kreatur in einer sozialen Ordnung gibt es auch kein Glauben im Denken.

Grundlegende soziale Werte sind nicht notwendigerweise in Religionen verwurzelt, aber Religionen sind oft auf ihnen und um sie herum entstanden, wie der Konfu-

---

[214] H. Küng, Global Ethic: A Declaration of the Parliament of the World's Religions. Continuum 1993.

zianismus und Buddhismus für die Kulturen des Fernen Ostens zeigen; vor allem Naturreligionen reichen mitunter tief in die Dimensionen unserer Einbindung in Biosphäre und kosmische Kräfte.

Meine Schlussfolgerung, und daher die Basis für meine Vorschläge, wird sein, ein neues Fundament zu bauen, nicht einen neuen Himmel. Blicken Sie zurück auf die Sätze über Religion, können Sie erkennen, dass die Perspektiven plötzlich himmelhoch aufragen – warum? Nun: bedenkt man die erdgebundenen Regeln der Religionen, so stellt man deren Übereinstimmungen fest – eine Vertrauen-erweckende Perspektive für friedliche Koexistenz aller Völker in einer Zukunft nach der Überwindung der religiösen Barrieren, welche sie in wilder Überzeugtheit voreinander errichteten.[215]

E26 Gedanken zu Karl Poppers „Offener Gesellschaft"

" ... unsere Kultur – eine Kultur, die man vielleicht als Streben nach Menschlichkeit und Vernünftigkeit beschreiben könnte; eine Kultur, die noch in ihren Kinderschuhen steht ... und weiter wächst, obwohl sie so oft von so vielen jener intellektuellen Führern der Menschheit betrogen worden ist. ... Diese Kultur hat ihren Geburtsschock noch nicht vollkommen überwunden – den Übergang von der Stammeskultur oder „geschlossenen Gesellschaft", die sich magischen Kräften unterwirft, hin zur „offenen Gesellschaft" ... welche die kritischen Kräfte des Menschen freisetzt". * [216] Der letzte Teil des letzten Satzes kann jedoch nur dann wegweisend sein, wenn daran der Hinweis und Auftrag geknüpft ist, dass die Gesellschaft diese „kritischen Kräfte" im Individuum nur durch Erziehung freisetzen kann, nicht allein durch Gewähren von Freiheit. Denn letztere führt ja bergab in eine Selbstzerstörung der Gesellschaft durch Individualismus, und über Sozial-Hedonismus in eine terminale Mediokratie; terminal deshalb, weil dieses Sozialkonstrukt gefolgt wird von einer Autokratie von innen oder von außen. Nur in einem von der Kultur der Gesellschaft bewirkten Geburtsakt am Individuum kann der Mensch die Fähigkeit zum sozialen Wesen in reziprokem Altruismus, in gegenseitiger Wahrung von Respekt und Würde als selbstverständliches Verhaltensprinzip entwickeln. Es geht also um Erziehung als Geburtshelfer für die Entfaltung dieser dem Menschen innewohnenden Fähigkeit. Nur: sie hängt von der initiierenden Leistung der Gesellschaft im Sinne von Erziehung der Nachkommen ab, einer Initiation, die allerdings ihrerseits wiederum in einem bisher nicht entschlüsselten Akt der Aufklärung durch ein initiierendes Individuum in Bewegung gesetzt werden müsste.

An eine solche Zukunft zu glauben – oder wenigstens auf sie zu hoffen – hängt an unserem Vertrauen auf die theoretisch bestehende Fähigkeit, intellektuelle Erfahrung in Kultur umzusetzen. Damit weise ich auf die jahrhundertealte Frage von Philosophengenerationen, ob wir wohl die Lehren aus unseren Erkenntnissen umsetzen werden in Maßnahmen zum Schutz gegen fatale Gefahren, die uns aus unserem eigenen evolutionären Erbe erwachsen. Wird sich die Geisteskraft lediglich von den alten Führern leiten und für Aggression und Betrug zwecks Ausbeutung von

---

[215] L.M. Auer, Mensch und Demokratie. LIT-Verlag 2021, S. 271ff.
[216] K. Popper, The Open Society and its Enemies, Routledge 2011 (1945), S. 35.

Mitgliedern der eigenen Gesellschaft instrumentalisieren lassen, oder wird sie es schaffen, gegenseitige Wahrung von Würde und Fairness zum Prinzip des Sozialverhaltens zu machen? – Nur ein solcher Richtungswechsel innerhalb jedes Individuums der Gesellschaft, initiiert durch die Gesellschaft in einer „Neuen Aufklärung", [217] kann in eine „Offene Gesellschaft" führen.

Bei alledem bleibt jedoch noch die Bedeutung von Religion unberücksichtigt: sie ist in der Auseinandersetzung zwischen verschiedenen Kulturen der Menschheit bisher im Zentrum trennender Überzeugtheit gestanden. Einerseits liegt der Grund wohl darin, dass in der Diskussion um unterschiedliche Gedanken und Offenbarungen über Metaphysisches eine Übereinkunft undenkbar scheint. Daher kann man zum gegenwärtigen Stand der globalen Gesellschaftsentwicklung nur eine Trennung zwischen solchen Parteien in Frieden und gegenseitigem Respekt empfehlen.[218] Andererseits aber würde künftig in einem Diskurs zwischen offenen Gesellschaften der hier beschriebenen Art mühelos die Tatsache zutage treten und Allen als Zeichen von Gemeinsamkeit im Glauben erscheinen müssen, dass alle großen Weltreligionen auf den gleichen ethischen Grundpfeilern für Sozialverhalten stehen – dieses auch „goldene Regel" genannte Prinzip.[219]

Nun aber zu Poppers Antithese, dem utopistischen anstatt schrittweisen Bemühen um gesellschaftlichen Wandel: " *... wir müssen unser letztendliches Ziel festlegen, oder den Ideal-Staat, bevor wir an die praktische Arbeit gehen können. Nur wenn dieses Ziel wenigstens in groben Umrissen festgelegt ist, ... nur dann können wir die besten Wege und Methoden für die Verwirklichung zu erwägen beginnen und einen Plan für die praktische Umsetzung zeichnen ... Dies ist, kurz gesagt, der methodologische Ansatz, den ich utopisches engineering nenne "* [220] schreibt Karl Popper. So wie er, widerspreche auch ich utopistischen Änderungsversuchen, hart erkämpft durch Revolution. Stattdessen empfehle auch ich, so wie Popper, ein schrittweises Vorgehen; mit seinem Vorschlag von "schrittweisem sozialem Engineering" in Richtung zu einer „Offene Gesellschaft" argumentiert er gleichzeitig gegen ein "Utopistisches Sozial-Engineering".[221] In diesem Sinn tritt er "*... dafür ein, konkrete Probleme zu bekämpfen anstatt irgendwelche ideellen Qualitäten zu schaffen".* [222]

Eine widersprüchliche Erwartung ohne brauchbare politische Lösung hat seit den Revolutionen in Amerika und in Frankreich des späten 18. Jh. die Menschen in Europa zurückgeworfen in weitere Revolutionen und Chaos, Rückkehr zu Autokratie, Monarchie, Diktatur. Der radikale Zwang in eine säkulare Ideologie von Gleichheit bei sonstiger Todesstrafe in der „terreur" der Französischen Revolution hatte sich als vollkommen unbrauchbar erwiesen. Letztlich hat die Erwartung von individueller Freiheit obsiegt und in die heutige Form von liberaler Demokratie geführt, in der das Gemeinwohl nur noch durch das Gesetz definiert ist und Erziehung in diese Gesellschaft fast vollständig fehlt. Das Risiko dieser Lösung für eine dauerhafte

---

[217] L.M. Auer, Mensch und Demokratie. LIT-Verlag 2021, S. 268ff.
[218] L.M. Auer, Mensch und Demokratie. LIT-Verlag 2021, S. 327ff.
[219] ebd, S. 271ff.
[220] K. Popper, The Open Society and its Enemies, Routledge 2011 (1945), S. 148.
[221] ebd, S. xxxvi.
[222] ebd, S. 338.

Gesellschaftsordnung ist zweifach, weil sie auf einem schmalen Grat zwischen Abgleiten in Individualismus und Diktatur des Gesetzes balanciert. Es gibt also weder eine Versicherung gegen den Zerfall in einem Chaos aus Hedonismus und Mediokratie, noch gegen Diktatoren, die sich das Gesetz für ihren Machtmissbrauch zu eigen machen. Popper weist auf Letztere zwar aus seiner damaligen Weltkriegs-Perspektive hin, jedoch ist ein solches Szenario aufgrund der Systemschwächen der Demokratie [223] jederzeit wiederholbar; er beschreibt den Weg der Befreiung aus dem Machtapparat von Monarchie und Religion als eben diesen gefährlichen Pfad in Richtung neuer Machtergreifung durch radikale Ideologien: "... *eine Bewegung, die vor drei Jahrhunderten begann. Es ist die Sehnsucht von unzähligen, namenlosen Menschen, sich und ihren Geist von autoritärer Bevormundung und von Vorurteil zu befreien ... ihr Unwille, die gesamte Verantwortung für die Regierung der Welt menschlicher und übermenschlicher Autorität zu überlassen, und ihre Bereitschaft, die Verantwortung für vermeidbares Leiden mitzutragen und für dessen Vermeidung mitzuarbeiten. Diese Revolution hat Kräfte von erschreckender Destruktivität freige-setzt; sie könnten jedoch noch besiegt werden*".* [224] Auf welche Weise dieser Sieg in eine offene Gesellschaft mit dem derzeitigen erziehungsarmen System gelingen soll, bleibt jedoch auch bei Popper offen.

Instinktbasierte soziale Harmonie vs. soziale Spannung durch Ideologie:

Zu Freuds „Unbehagen in der Kultur" und Poppers „Closed society" vs. „Open society"

Dieses Spannungsfeld zwischen instinktgetriebenem Eigeninteresse bei gleichzeiti-ger Einbindung in, und Abhängigkeit von, der „eingeborenen" Kultur bezeichnete Freud als *„Das Unbehagen in der Kultur"*;[225] er beschrieb es jedoch nicht als Spannungsfeld sondern nachgerade als Feindschaft, denn sein Postulat lautete: *„Es ist ... das Programm des Lustprinzips, das den Lebenszweck setzt"*.[226] Dieses Ziel werde durch das Leben in der Gesellschaft eingeschränkt und löse die feindliche Grund-haltung aus. Diese Sicht erscheint jedoch in wenigstens zweifacher Hinsicht nicht plausibel: einmal kennen wir Alle nicht den Zweck unseres Daseins; zum anderen lässt sich Daseinszweck auch als Pflichtgefühl aus pro-sozialer Einstellung darstellen, wie Viktor Frankl überzeugend argumentierte.[227] Popper bezieht sich auf Freuds „Unbehagen" mit dem Ausdruck „strain of civilization",[228] beschreibt damit ein Unbehagen, das bereits in der Gesellschaft des antiken Athen im 5. vorchrist-lichen Jahrhundert feststellbar gewesen sei: Popper argumentiert damit aber gegen Freuds Postulat, denn er versteht darunter ein Phänomen, das durch den Übertritt der Menschen von ihrer „geschlossenen Gesellschaft" in eine „offene Gesellschaft" entsteht: Es sei das Verlassen der alten, instinktiv sich selbst regelnden Verhaltens-strukturen in kleinen, weitgehend harmonisch lebenden Sozietäten durch die Ein-führung rational entwickelter, also bewusst erdachter und gemeinsam beschlos-sener Verhaltensnormen, durch welche die Gesellschaft sich selbst dieses Span-

---

[223] L.M. Auer, Mensch und Demokratie. LIT-Verlag 2021, S. 63ff.
[224] Popper, The Open Society and its Enemies, Routledge 2011 (1945), S. xxxiv.
[225] S. Freud, Das Unbehagen in der Kultur, Fischer 1965 (orig. 1930)
[226] ebd, S. 74.
[227] V. Frankl, ... trotzdem Ja zum Leben sagen, dtv 2008 (1977).
[228] K. Popper, The Open Society and its Enemies, Routledge 2011 (1945), S. 614.

nungsfeld schuf, und zwar in der demokratischen Sozialstruktur des antiken Athen. Wenn Popper damit letztlich erklärt, dieses Unbehagen sei der Preis des Menschen dafür, menschlich zu sein bzw. zu werden,[229] dann rückt er damit eigentlich wieder von seiner eigenen Definition ab, denn „menschlich" zu sein bedeutet zumindest im deutschen Sprachgebrauch eben nicht in kühler Rationalität zu handeln, sondern Verständnis bzw. Empathie für emotional dominiertes Verhalten zu demonstrieren, ein Verhalten also, das von den rationalen Verhaltensregeln zurück in alte, nestwarme Spontaneität, also instinktive Emotionalität zurückzufallen erlaubt. Wenn Popper weiter meint, der Prozess des Wechsels von einer geschlossenen zu einer offenen Gesellschaft habe bei den *Griechen* begonnen, und zwar deshalb, weil sie sich zu einer Seefahrernation mit vielen Kolonien entwickelten,[230] so bleibt dabei die Frage offen, warum dasselbe nicht auch mit anderen Völkern wie den Phöniziern, Römern und Normannen geschehen ist. Hierzu müssten wohl noch weitere Faktoren gekommen sein wie die Proportion zwischen Bürgern und Sklaven, die Persönlichkeit eines Perikles [231] und andere.

E27 Fluch aus dem Hades

Politik in der liberalen Demokratie wird zunehmend eine Spiegelung der öffentlichen Meinung.
Öffentliche Meinung ist eine Spiegelung der Nachrichten in den Medien.
Nachrichten in den Medien sind eine Spiegelung des Tagesgeschehens in Politik, Wirtschaft.
Demokratische Politik: Spiegelung ihrer eigenen Schwäche und der Selbstzerstörung von Demokratie.
So spiegelt sich's im Kreis.
Wer aber plant weise voraus, nutzt Wissen und trifft Entscheidungen im Sinnzusammenhang?

Hunderttausede Tote aus Europa (über eine Million global) klagen:
Noch im Jahr 2012 erstellte das deutsche Robert Koch Institut eine Risikoanalyse mit Empfehlungsdossier aus den Erfahrungen mit SARS aus 2002/2003 (Letalität 10% unter 8000 Infizierten), MERS 2012.[232]
Die Liste der Grippe-Epidemien und -Pandemien bis dahin war schon lang gewesen: Abgesehen von der allgemein bekannten „Spanischen Grippe" während des Ersten Weltkrieges hatte man eine Reihe weiterer vergessen gehabt, wie die Pandemie von 1957/58, die „Asiatische Grippe", mit über 1 Mio. Toten (T) weltweit (etwa 30.000 in Deutschland, D); die „Hongkong-Grippe" der Jahre 1968/69 (ca. 1 Mio. T global, 30.000 in D); „Russische Grippe" 1977/78 (800.000 T global); Grippewelle 1995/96 (30.000 T global); Grippewelle 2004/5 (20.000 T in D); „Vogelgrippe" 2009/10 (ca.

---

[229] ebd, S. 168.
[230] ebd, S. 169.
[231] L.M. Auer, Mensch und Demokratie. LIT-Verlag 2021, S. 15.
[232] Deutscher Bundestag, Bericht zur Risikoanalyse im Bevölkerungsschutz 2012.
dipbt.bundestag.de/dip21/btd/17/120/1712051.pdf,
bbk.bund.de/SharedDocs/Downloads/BBK/DE/Downloads/Krisenmanagement/BT-Bericht_Risikoanalyse_im_BevSch_2012.pdf?__blob=publicationFile, vom 01.04.2020.

20.000 T global); Grippewelle 2017/18 (300.000 – 600.000 T global, ca. 25.000 T in
D [233]).

Eine Strategie mit Vorsorgemaßnahmen zur Vermeidung der im Bericht beschriebenen Engpässe und Probleme wurde weder ausgearbeitet noch umgesetzt – der
Bericht wanderte in die Schubladen von Ministerien und Regierungspolitikern, so
wie damals 1979 das Kühn-Memorandum zur drohenden kulturellen Krise als Folge
der Migration.[234] Es war sogar schon in der Luft gelegen, roch verdächtig nahe. Doch
Wissen und Warnung kamen nicht nach Europa, nicht in alle Welt, nicht zur WHO.

„Das Robert-Koch-Institut skizzierte … bereits 2012 ein Pandemie-Szenario.
Es ist nun praktisch genau so eingetreten. Deutschland hätte genügend Zeit
gehabt, sich darauf vorzubereiten".[235]

Danach wurde es zunächst vorwiegend skurril:

Zu Beginn der Pandemie hätte China seine nach Deutschland gelieferten Schutz-
kleidungen zurückkaufen wollen; dies sei jedoch von deutschen Händlern zumindest teilweise abgelehnt worden, während große Mengen dennoch zurück nach
China wanderten, [236] bis einige Zeit danach die deutsche Bundesregierung ein offi-
zielles Exportverbot verhängte – und Österreich wieder einmal belästigt und verär-
gert für seinen Aktivismus an den Grenzen kritisierte. Danach kehrte sich der Imita-
tionsverlauf politischer Entscheidungen schrittweise um: man machte es wie die
Österreicher. Und je weiter westlich man sah, desto skurriler wurde die Demokratie:
die Briten sind mittlerweile neben den Spaniern, Italienern und Franzosen unter den
Ländern mit den höchsten Opferzahlen pro Million Einwohner, die USA …

Im Elend rücken die Menschen nicht nur zusammen; es gibt auch Schleichhandel,
Wucherei und Kriegsgewinnlertum. Während der Corona-Krise wurde nicht nur
nach spontanen Grenz- und Exportsperren Patienten aus „Hot-Spots" in Kliniken mit
freien Betten jenseits nationaler Grenzen gebracht. Man lobte sich gegenseitig und
berichtete über Hilfslieferungen aus China und Russland kurz und nüchtern. Schutz-
kleidung musste im freien Welthandel zähneknirschend zum Vielfachen des fairen
Preises erworben werden; und damit kommt man zurück zum Thema: es geht um
Katastrophenplanung, um Vorsorge, um die Umsetzung von Gelerntem aus Erfahrungen.

Mittlerweile wird höchste Effizienz im Bereich Management und Logistik demonstriert; Politik und Medien schweigen wieder einmal über das Versagen bei der Vorsorge … sie war wohl, wie all die vielen dringend erforderlichen Maßnahmen gegen
die drohende Umweltkrise, dem Bürger nicht vermittelbar, bis sich die Nachrichten
vom massenhaften Sterben zu überschlagen begannen.

Ich will selbstverständlich nicht die törichte Behauptung aufstellen, dass bei zeit-
gerechter Vorsorge niemand gestorben wäre. Aber ich bemängle und kritisiere, dass

---

[233] Grippewelle war tödlichste in 30 Jahren, Ärzteblatt 30.09.2019,
   https://www.aerzteblatt.de/nachrichten/106375/Grippewelle-war-toedlichste-in-30-
   Jahren, abgefragt am 16.05.2020.

[234] L.M. Auer, Europa. Wunsch, Wahn und Wirklichkeit, LIT-Verlag 2020, S. 296.

[235] https://www.gmx.net/magazine/news/coronavirus/corona-pandemie-bundesregierung-
   2012-34570656, abgefragt am 01.04.2020.

[236] Versäumte Pandemievorsorge, Frontal 21 vom 24.03.2020,
   https://www.youtube.com/watch?v=faJ-DRzlD0A, abgefragt am 01.04.2020.

nicht ab Tag null eine zeitgemäße Logistik der Verbreitungsvermeidung eingesetzt hat, die man seit 2013 hätte vorbereitet haben können, dass man deswegen nicht die Schutzbekleidungen aus den Depots holen konnte, weil sie dort nicht gelagert waren – schlecht geworden wären sie inzwischen nicht (aber zur Zeit des Kalten Krieges wurden milliardenteure Untergrundanlagen zum Schutz der Regierungen gebaut). - Die super-app zur Identifikation potenzieller Virenträger hätte man vor Jahren fertigstellen und testen können. - Dass Schutzmasken bei Erkrankung der Atemwege hilfreich sind, weiß man in Fernost seit vielen Generationen. An Grippekranken hätte der Westen den wissenschaftlichen Beweis seit Jahrzehnten erbracht haben können.

Inzwischen reichen Umweltkrise und Pandemie einander die Hand. Plötzlich merken Alle – gerade so als wäre dies alles ohne ihr Wissen geschehen – dass sich ganze Kontinente von anderen Kontinenten abhängig machten, dass sie wichtige Produkte um die halbe Welt schipperten, um auf Kosten Ärmerer den eigenen Wohlstand besser bewahren zu können. All der egozentrische und opportunistische Wahnsinn lief ab, weil es nicht anders ging ... Jedoch: Diese unvermeidbaren Sachzwänge mit der Folge des drohenden Erstickungstodes in der Umweltverpestung sind über Nacht vermeidbar geworden. Manche, die zur Anbetung der Fata Morgana des ewigen Wirtschaftswachstums wanderten, stehen jetzt ohne Vision.

Freilich, es könnte noch schlimmer kommen, es könnte so schlimm kommen, dass man nichts mehr machen kann, beispielsweise, wenn der Ausbruch eines Supervulkans die ganze Welt für Jahre verdunkelt, wenn eine neue Pest die Hälfte der Bevölkerung hinwegrafft und alle Versorgungsketten erliegen, freilich – aber bis dahin können wir für wenigstens teilweise vermeidbare Katastrophen so gut wie möglich und sinnvoll vorsorgen und intelligent planen, immer besser – könnten - hätten können ...

Wollen wir die Rufe und Klagen der schon wieder Geopferten diesmal wieder nicht hören, weil wir möglichst umgehend wieder zur bisherigen Normalität zurückkehren müssen, beruhigt darüber, dass es ja ohnehin nur Andere erwischt hat?

Manche Literaten beantworten die Frage nicht positiv:

Salman Rushdie in den Mitternachtskindern: *„Geschichte ist natürliche Auslese ... Die Schwachen, die Anonymen, die Besiegten hinterlassen wenig Spuren“*.[237]

Ingeborg Bachmann: *„Die Opfer sind die Opfer.“*[238]

Wenn in der Demokratie das Volk, das es nicht weiß, die Politiker treibt, das zu tun, was es sich wünscht, dann beginnt sich der sogenannte Fortschritt eben im Kreis zu drehen.

Wenn wir wollen, dass Demokratie überlebt, dann muss sie alles verfügbare Wissen im Interesse des Gemeinwohls evidenzbasiert nutzen ***müssen***, gleich ob Wissen von professionellen Experten kommt, von anderen Lebenserfahrenen oder aus künstlicher Intelligenz.[239]

Eine Pandemie wie diese erinnert uns nicht nur daran, dass wir sie nur gemeinsam kontrollieren können, indem *alle* Menschen geimpft werden, nicht nur jene im

---

[237] S. J. Al-Azm, Unbehagen in der Moderne. Aufklärung im Islam, Fischer 1993, S. 47
[238] Ingeborg Bachmann: Das dreißigste Jahr. Unter Mördern und Irren. DTV 1980.
[239] L.M. Auer, Mensch und Demokratie. LIT-Verlag 2021.

Westen, sondern dass wir insgesamt nur gemeinsam überleben werden, also wir als Menschheit, die Zahl von Menschen, die der Planet ernähren kann ohne den Einsatz systematischer Vergiftungsmittel wie Hormone und Antibiotika für Tiere und Dünger sowie Schutzmittel für Pflanzen. Nur eine global gemeinsame Anstrengung, nur gegenseitige Hilfe zur Vernunft und Einsicht Aller.

E28 Leidenschaft und Erbsünde

Zur kulturellen Erbsünde der Erzieher

„ ..... die Lehre von der Erbsünde, die besagt, dass der Mensch böse von Jugend auf sei, sie alle haben den gleichen Wahrheitsgehalt: die Einsicht, dass der Mensch seinen ererbten Neigungen nicht blindlings folgen darf, sondern lernen muss, sie zu beherrschen und ihre Auswirkungen vorausschauend in verantwortlicher Selbstbefragung zu überprüfen”.[240]

Mit der Erbsünde wird uns vorgehalten, a priori schuldig zu sein, d.h. allerdings nicht erst von Jugend an, sondern seit der Geburt. Denn es geht um unsere Erbanlagen, denen zufolge wir sündigen. Nach dem Apostel Markus sagte Jesus von Nazareth zu den Pharisäern und Schriftgelehrten: *„Was aus dem Menschen herauskommt, das macht den Menschen unrein. Denn von innen, aus dem Herzen der Menschen, kommen heraus die bösen Gedanken, Unzucht, Diebstahl, Mord, Ehebruch, Habgier, Bosheit, Arglist, Ausschweifung, Missgunst, Lästerung, Hochmut, Unvernunft. All dies Böse kommt von innen heraus und macht den Menschen unrein“.*[241] Darin muss auch das spontane und das unkultivierte Handeln inkludiert sein, das noch nicht in der Lage war, es bewusst zu kontrollieren. In diesem Sinn spricht Paulus auch nur Jene an, die verstehen können, was er meint, wenn er sagt: *„Wandelt im Geist, so werdet ihr das Begehren des Fleisches nicht erfüllen.*[242] Nur wer versteht, was er tut, kann schuldig sein, würde man meinen. Wir sind es aber, und zwar unseres Inneren, unserer Erbanlagen. *Das* ist die Erbsünde. Sie ist also eine *genetische* Erbsünde, gegen die wir kraft unserer Erkenntnisfähigkeit ankämpfen sollen, um des Respekts vor den gleichen Wünschen und Rechten aller Anderen um uns. Was aber geschieht mit den Kindern und jenen Erwachsenen, die mangels an Erziehung, oder infolge ihrer Eingewöhnung in ihre Umgebung und Gemeinschaft ursprünglich geblieben sind, Jenen, die nachzuahmen gelernt haben, was sie von ihren Vorfahren gesehen haben? Ist es nicht eine weitere Schuld derer, die schon gelernt haben sollen, sich selbst zu kontrollieren, ist es nicht deren Versäumnis, ihre Nachkommen zu jener Fähigkeit der Selbstkontrolle zu erziehen, die von Allen erwartet wird? Ich nenne die Unterlassung eine *kulturelle* Erbsünde der Erzieher. Auch sie ist eine *Erb*sünde, weil sich das Nichterzogenwordensein von einer Generation auf die andere fortpflanzt, weil auch schon die Erzieher nicht erzogen worden sind. Es scheint mir ein Mangel in der christlichen Lehre zu sein, dass nirgendwo das Versäumnis der Erziehung als Sünde bezeichnet wird, als jene kulturelle Erbsünde, die verhindert, dass Menschen im Rahmen ihrer Erziehung in und dank ihrer Kultur lernen, ihre genetisch vorgegebenen asozialen Motivationen intelligent zu kontrollieren; heute

---

[240] K. Lorenz, Das sogenannte Böse. DTV 2010 (1963), S. 235.
[241] Neues Testament, Evangelium nach Markus 7:20-23.
[242] Neues Testament, Brief an die Galater 5:16.

hätten wir die Möglichkeit, kraft wissenschaftlicher Erkenntnisse die Strategie einer intelligenten Neu-Orientierung zu verwirklichen, jener Disziplin, die Konrad Lorenz selbst mit gegründet und geprägt hat.

Aus dieser Sichtweise wird Kinder- und Jugendjustiz zur Untat, ja zum Verbrechen, sofern sie nicht die wahren Ursachen asozialer Taten erörtert und rechtlich würdigt, nicht aber die Taten selbst, jene Folgen unterlassener Erziehung. *„Wer Sünde tut, der ist vom Teufel; denn der Teufel sündigt von Anfang an. Dazu ist erschienen der Sohn Gottes, dass er die Werke des Teufels zerstöre".[243]* Wer sonst als unsere genetischen Eigenschaften aber ist der Teufel; sie wollte Jesus von Nazareth kontrollieren helfen, indem er den Ausweg bot, täglich von vorne zu beginnen, nachdem man am Vortag seiner asozialen Verfehlungen gewahr wurde, dafür Buße tat und von den Verfehlungen freigesprochen wurde.

Der Kirche aber ist wichtiger, uns als von vornherein Schuldige zu bezeichnen, geschlagen von der Erbsünde, Sünder a priori, die nur dank der Liebe Gottes gerettet werden können, weil Gott seinen Sohn zu unserer Rettung als Erlöser gesandt hat, so meint auch Paulus: *„Denn als Erstes habe ich euch weitergegeben, was ich auch empfangen habe: Dass Christus gestorben ist für unsre Sünden nach der Schrift".[244]* Jesus selbst macht laut Matthäus klar, dass wir schon unserer Spontaneität wegen schuldig sind, also auch unserer unkontrollierbaren Erbanlagen wegen: *„Ihr habt gehört, dass gesagt ist: »Du sollst nicht ehebrechen.« Ich aber sage euch: Wer eine Frau ansieht, sie zu begehren, der hat schon mit ihr die Ehe gebrochen in seinem Herzen".[245]* Und Johannes schlussfolgert daraus: *„Ihr habt den Teufel zum Vater, und nach eures Vaters Begierden wollt ihr tun".[246]*

Das unerzogene Kind kann aber nicht schuldig sein, seine Erzieher sind es; Paulus aber begnügt sich damit, auf das Verbot zu verweisen, eine Methode, die den Anreiz nicht ändert, die Verlockung: *„Was wollen wir hierzu sagen? Ist das Gesetz Sünde? Das sei ferne! Aber die Sünde erkannte ich nicht außer durchs Gesetz. Denn ich wüsste nichts von der Begierde, wenn das Gesetz nicht gesagt hätte: »Du sollst nicht begehren!«".[247]* Aber diese Erzieher weisen nur auf jenes Gesetz, das ihnen selbst gegeben wurde, auf das Verbot, und sie behalten selbst ihre begehrlichen Blicke; sie sind nicht gehalten, das Kind einzuweisen in seine Fähigkeit zur Selbstkontrolle, und es auf den Nutzen davon im Sinne des reziproken Altruismus hinzuweisen. Sie haben selbst noch keine Strategien zu Vermeidung entwickelt, die sie weitergeben könnten. Die Fähigkeit dazu aber hätten sie, jene Kraft des Geistes, von der die Rede ist als Heilmittel.

„Mea culpa" ist kein ermutigender Aufruf zu einer Besserung, da man sich ja eigentlich keiner a priori-Schuld bewusst ist. Die Weltsicht von Schuld und Erlösungsbedürftigkeit motiviert eher zur Selbstaufgabe, Unterwerfung und Unmündigkeit denn zur Selbstbestimmtheit in fairem Umgang miteinander. Auch das säkulare Erbe aus diesem religiösen Unterdrückungsakt, nämlich die erneute Forderung, angeborenes Spontanverhalten bei sich als Fehlverhalten, als „böse Sein" zu

---

[243] Neues Testament, 1 Johannes 3:8
[244] ebd, Brief an die Korinther 15:3-4
[245] ebd, Matthäus 5: 27-28.
[246] ebd, Johannes 8:44.
[247] ebd, Brief an die Römer 7:7.

beurteilen, sich also erneut schuldig zu fühlen, tierisch, also primitiv und schlecht – Konrad Lorenz selbst hatte die Natur dieser in der Evolution entstandenen Verhaltensweisen als „das sogenannte Böse" verständlich gemacht und damit zurechtgerückt.[248] Die liberalistische Reaktion darauf, in das Gegenteil zu verfallen und alles Tierische an sich gut und richtig zu finden, ist ein weiterer Exzess.

Eine Wende könnte damit einsetzen, unsere Eigenschaften nicht als Fehler, als Sünde durch Beschuldigung und Selbstbeschuldigung vorsorglich zu ahnden, sondern neutral als Gegebenheit zu sehen, für die wir selbstverständlich keine schuldhafte Verantwortung tragen – wohl aber eine moralische. Tatsächlich *tragen* kann diese Verantwortung aber nur, wer zum Verständnis und der Einsicht dieser Gegebenheit erzogen wurde. Die moralische Verantwortung beginnt also als eine der Gesellschaft, der Kultur, deren erwachsene Mitglieder sich ihr im Interesse des Gemeinwohls stellen müssen. Der Versündigung macht sich erst schuldig, wer diese Verantwortung erkannt aber nicht angenommen und in Erziehung umgesetzt hat. Zu bedenken ist dabei, dass Verbot allein nicht zur Erziehung taugt, weil dazu die Einsicht in den Nutzen der Unterlassung fehlt. Nicht Gebot oder Verbot also führen weiter in der Erziehung, sondern Einsicht.

Die Erkenntnis wurde in der Menschheit schon ganz zu Anfang in ethische Grundsätze geformt; sie ähneln sich in allen ethischen Systemen und Religionen als Mahnung zu gegenseitiger Rücksichtnahme, der „goldenen Regel",[249] zur Wahrung von Frieden und Harmonie. Schon Naturreligionen bergen die Erkenntnis, dass menschliches Leben nur in Harmonie (Anpassung) mit der Natur möglich ist. Buddha erkannte, dass auch ein verantwortungsvolles Menschenleben nur in einem funktionstüchtigen Körper möglich ist, und predigt daher den Weg der Mitte (wenn du die Saite überspannst, reißt sie, wenn Du sie zu wenig spannst, klingt sie nicht). Moses sah einen Gott, der Verbote in Stein meißelt, aber die goldene Regel ist in der jüdischen Religion verankert. Jesus' Christentum konkretisiert: liebe deinen Nächsten wie dich selbst, was bedeutet, dass man für sich selbst denselben Freiraum beanspruchen kann, wie man ihn auch den Anderen zubilligt, was in der Tat Frieden und Harmonie in einer Gemeinschaft gewährleistet, deren Mitglieder sich an diese Regel halten. Was der Islam danach will, ist einerseits ebenfalls die Beachtung der „goldenen Regel"; andererseits jedoch kehrt er zurück zur alten Forderung, sich den Regeln und deren Schöpfer zu unterwerfen. Aus beiden Religionen, dem Christentum und dem Islam, wurde daraus ein diktatorischer Gottesstaat zur Unterdrückung der Masse der Menschen, mit Ausnahmen für einen kleinen Teil der Gesellschaft.

So wie sich Volksmassen immer wieder in Aufständen und Revolutionen aus der Unterjochung befreiten, so reagiert auch die Psyche von uns Einzelnen auf Missachtung, Vernachlässigung und Unterdrückung: sie „macht sich Luft" indem sie sich ohne Rücksicht auf eine momentane Situation in einem Ausbruch von Aggression (oder Autoaggression) rächt. Sigmund Freud war der Erste, der solche Ausbrüche in Form von Neurosen und anderen psychischen Störungen systematisch sammelte und ihre Ursachen studierte und behandelte, damit aber auch für viele Aspekte asozialen Handelns und deren Vermeidung einen Lösungsansatz zeigte. Künftig

---

[248] ebd
[249] L.M. Auer, Mensch und Demokratie. LIT-Verlag 2021, S. 271.

sollte asozialem Verhalten durch Erziehung unter Berücksichtigung neuer Erkenntnisse über uns selbst vorgebeugt werden.[250] Unterdrückte statt intelligent neuorientierte (s. Buch S. 273) instinktive Verhaltensweisen machen sich jedoch nicht nur bei Individuen als asoziales Verhalten durch die Hintertür Luft: sie rotten sich als gemeinsame Interessen in Seilschaften und Banden Erwachsener zusammen, dort, wo Sigmund Freud den moralischen Selbstbetrug der kollektiven Tabu-Übertretung entlarvte [251] (s. auch Abschnitt „Kultur und kulturelle Evolution unter [E11]): Gesetzesbruch im Kollektiv – diese Form der Entartung und des Niedergangs von Gesellschaft ist bekannt durch Beispiele wie die Taten der Waffen-SS hinter der Ostfront im Zweiten Weltkrieg: wenn Verbrechen im Kollektiv zur Normalität werden. Eine weitere solch rational unverständliche Entgleisung ist der heimlich oder manchmal sogar öffentlich für seine Fähigkeiten bewunderte Bankräuber). Was aber tatsächlich machen mit der political correctness, die nur darauf abzielt einander zu versichern, dass eine kollektive Lüge der gemeinsamen Absicht entspricht? Diverse Rechte- und Verweigerer-Szenen in Deutschland sind Beispiele.

Die Frage spinnt sich dort fort, wo man bei Jugendgerichten, und auch später, fragen muss, inwieweit die Gesellschaft ihrer Pflicht nachgekommen war, diese nun angeklagten jungen Menschen zu dem zu erziehen, was die Gesellschaft nun von ihnen erwartet hätte. Verwilderung ist eine Beobachtung besonders bei sog. „unterprivilegierten", unteren Gesellschaftsschichten, die in der zunehmenden sozialen Schere zurückgelassen werden. Der gesellschaftliche Mangel wird sich rächen als Revolte dieser zurückgelassenen Rotten.

So wie die Einsicht angesichts des eigenen Vernichtungspotentials mit Massenvernichtungswaffen müsste jetzt auch die Einsicht folgen, dass die soziale Schere ebenso zur Selbstzerstörung führt, weil die Konfrontation der beiden Gruppen aus historischer Sicht in Aggression endet.
Wie man aus Vernunft Neigung machen kann, wie man aus Neigung vernünftig werden kann, das ist ja die große Moralfrage, die große Religionsfrage, das ungelöste Problem! Denn wer wäre nicht gerne aus Neigung freundlich, nachsichtig, empathisch, fair etc., wenn es gleichzeitig abträglich wäre und Energie kostete, asozial und egozentrisch zu sein.

E29 Gleichheit, Menschenwürde und Menschenrechte bei Jürgen Habermas

Dazu kann man zunächst bedenken, dass es „Würde" an sich nicht gibt außer in der Beziehung zwischen Menschen. Aus demselben Grund kann es auch kein Naturrecht im Sinne von John Locke auf Leben und Freiheit geben, sondern nur einen Anspruch als Folge der Entwicklung menschlicher Gemeinschaften, deren Individuen sich kraft ihrer Erkenntnisfähigkeiten von einem rein instinktiven Leben gelöst hatten. In diesem Milieu entwickelten sich Wille und Absicht zur Kontrolle von Instinkten wie auch der daraus erwachsenden Sozialhierarchie, Umgangsformen zur Wahrung der Würde der Mitglieder einer Gruppe. Wille und Absicht unterliegen dabei einer historischen Entwicklung bis in unsere Tage: Habermas spricht von Menschenwürde

---

[250] ebd, S. 273f.
[251] S. Freud, Totem und Tabu, Kap.II/2, S. 642f, Gesammelte Werke, Anaconda Verlag Köln
    2014.

in unserem heutigen Verständnis als der *„paradoxen Verallgemeinerung eines Be-griffs, der ursprünglich nicht auf eine gleichmäßige Anerkennung der Würde eines jeden, sondern auf Statusdifferenzen zugeschnitten war".*[252] An dieser bis heute im All-tag sichtbaren Differenz der „Würde" verschiedener Personen und Gruppen entlarvt sich von selbst das bis heute gültige Gemisch von evolutionär in Jahrmillionen ausge-bildeter Sozialhierarchie und diesem Willen, die Einzigartigkeit und damit die Würde jedes einzelnen Menschen zu respektieren. Im europäischen Kulturkreis ent-stand das Verständnis von Menschenwürde vor allem aus der jüdisch-christlichen Überlieferung, in der *„Jeder ... als unvertretbare und unverwechselbare Person vor dem Jüngsten Gericht [erscheint]".*[253] Das Recht, das Menschenrecht auf diese gleiche Würde Aller, musste in Revolutionen erkämpft werden, um heute wenigstens theo-retisch in demokratischen Rechtsstaaten beansprucht und eingefordert werden zu können. *„Die Berufung auf Menschenrechte ",* schreibt Habermas, *„zehrt von der Empörung der Beleidigten über die Verletzung ihrer menschlichen Würde".*[ebd S.16] Und weiter*: „ ... und zu Bewusstsein gebracht haben, was den Menschenrechten implizit von Anbeginn eingeschrieben war – nämlich jene normative Substanz der gleichen Men-schenwürde eines jeden, welche die Menschenrechte gewissermaßen ausbuchstabie-ren".*[S.17] Und schließlich: *„Die Gewährleistung dieser Menschenrechte erzeugt erst den Status von Bürgern, die als Subjekte gleicher Rechte einen Anspruch darauf haben, in ihrer menschlichen Würde respektiert zu werden".*[S.21] - Diese Aussagen verdeut-lichen die Diskrepanz zwischen einer klaren philosophischen Darlegung des theore-tischen Konzepts einer demokratischen Gesellschaft und der alltäglichen und grund-sätzlichen politischen Wirklichkeit: Eine Verwechslung von biologischer Ungleich-heit mit sozialer Gleichwertigkeit aus moralischen Gründen wurde politisch billi-gend in Kauf genommen, indem man zuerst von „Bürgerrechten" im Staat sprach, ohne auf deren Ursprung hinzuweisen, nämlich die Würde aller Einzelnen als einzigartigen Menschen, im Gegensatz zum herkömmlichen Konstrukt von „Würde" als Ausdruck einer Machtposition in der Sozialhierarchie. Hinter dem politischen Slogan von „Gleichheit" bleibt das Faktum unüberwindlicher „natürlicher" Ungleich-heiten verborgen [254] und gaukelt den Menschen vor, nunmehr automatisch gleich mächtig zu sein. Nicht „Gleichheit" an sich, sondern „Gleichwertigkeit" an Würde hatten die Menschen aber gefühlsmäßig im Sinn, als sie als Revolutionäre ihre Würdenträger stürzten.

Zu der Art und Weise, wie man zu einer „Statusordnung von Staatsbürgern" in reziprokem Altruismus gelangen könnte, schreibt Habermas: *„Der Übergang von der Vernunftmoral zum Vernunftrecht verlangt einen Wechsel von den symmetrisch ver-schränkten Perspektiven der Achtung und Wertschätzung der Autonomie des jeweils Anderen zu den Ansprüchen auf Anerkennung und Wertschätzung der jeweils eigenen Autonomie vonseiten des Anderen".*[255] Außerdem steht in der neuen, demokratischen Staatsordnung der Einzelne sogar mit einem Rechtsanspruch vor allen Anderen:

---

[252] J. Habermas, Das Konzept der Menschenwürde und die realistische Utopie der
      Menschenrechte, in: J. Habermas, Zur Verfassung Europas, Suhrkamp 2011, S. 24.
[253] ebd, S. 28.
[254] L.M. Auer, Mensch und Demokratie. LIT-Verlag 2021.
[255] J. Habermas, Das Konzept der Menschenwürde und die realistische Utopie der
      Menschenrechte, in: J. Habermas, Zur Verfassung Europas, Suhrkamp 2011, S. 25.

„Der Begriff der Menschenwürde überträgt den Gehalt einer Moral der gleichen Achtung für jeden auf die Statusordnung von Staatsbürgern, die ihre Selbstachtung daraus schöpfen, dass sie von allen anderen Bürgern als Subjekte gleicher einklagbarer Rechte anerkannt werden".[ebd S.26]
„Die Menschenrechte", schreibt Habermas, *„bilden insofern eine realistische Utopie, als sie nicht länger die sozialutopisch ausgemalten Bilder eines kollektiven Glücks vorgaukeln, sondern das ideale Ziel einer gerechten Gesellschaft in den Institutionen der Verfassungsstaaten selbst verankern".*[S.33]

E30 Aus der negativen Freiheit von Unterdrückung in die positive Freiheit zur Selbstbeschränkung

Es geht mir hier vor allem um die Aufklärung einer seit Jahrhunderten falsch eingefädelten politischen Reaktion auf asoziales Verhalten des menschlichen Individuums. Die Kette der Re-Interpretationen seit Aristoteles ist lang: er hatte sich von der Ideenlehre Platons ab- und dem wirklichen menschlichen Dasein zugewandt. Machiavelli griff diesen Lösungsansatz in seinem „Principe" mit dem Hinweis auf, dass man die Dinge so sehen müsse, „wie sie sind", und nicht „wie sie sein sollen".[256] Dies galt auch für das menschliche Streben nach Freiheit und Glückseligkeit: das belebende Wiedererstarken dieses Bestrebens in der Renaissance, verbunden mit der Befreiung aus der religiösen Umklammerung und Bevormundung, resultierte schrittweise in ein Verfallen aus der einen in die andere Unmündigkeit, nämlich aus der religiösen Bevormundung zunächst in eine durch die absolutistische weltliche Macht, und nach deren Abschüttelung in eine Hörigkeit gegenüber den individuellen Wünschen und körperlichen Bedürfnissen: Freiheit als Inbegriff des revolutionären Traumzieles wurde missverstanden als Freiheit des Individuums von den gesellschaftlichen Zwängen, der Gemeinschaft, ihrer Kultur, also negative Freiheit. Liberale Demokratie repräsentiert somit das schrittweise Nachgeben einer egozentrischen Tendenz der Individuen, in der sie sich alle einig sind, der sie gemeinsam verfallen, im Sinne eines Sozial-Hedonismus.
Wenn hier von Erneuerung die Rede sein soll, dann nicht von einer Rückkehr zu einer Ideenlehre, einer Ideologie von einem „Soll-Menschen". Vielmehr will ich auf die vermeidbar selbstzerstörerischen Eigenschaften des Menschen hinweisen: auch sie sind „Dinge, wie sie sind", allerdings Dinge, wie sie besser nicht sein sollten, weil eben asoziale Verhaltenseigenschaften des Individuums diesem selbst und seiner Gemeinschaft Schaden zufügen können.
Kant beschrieb mit seinem Aufruf zur Aufklärung [257] – fünf Jahre vor Beginn der Französischen Revolution – dass die Volksmassen mit ihrer Befreiung nun auch Gefahr laufen, aus einer Unmündigkeit in die nächste zu verfallen, z.B. verführt von neuen Machthabern oder anderen Verführern im Interesse gegen das Gemeinwohl. Daher beschwor er seine Mitmenschen, zu bedenken, dass wahre Freiheit, Mündigkeit, nur aus der Erkenntnis resultieren könne, dass nur freiwillige Selbstbeschränkung mit dem Ergebnis eines sozial kompatiblen Verhaltens als wahre Freiheit

---

[256] Niccolò Machiavelli, Il Principe, XV, zit. von R. Speth in Niccolò Machiavelli, in P. Massing, G. Breit, H. Buchstein Hrsg., Demokratie-Theorien, Wochenschau Verlag 2017, S. 88.
[257] Immanuel Kant, Was ist Aufklärung?, Berlin. Monatsschr., 1784, 2, S. 481–494

gelten könne.

In einigen weiteren Schritten geschah dann alles Erdenkliche teils gleichzeitig teils hintereinander: Rückkehr zum Absolutismus (Restitution und Pentarchie nach dem Wiener Kongress), radikale Volksherrschaft der armen Massen, ihrerseits wieder verführt in eine Despotie (Kommunismus), gemäßigte Volksherrschaft der Armen im Verbund mit der Bürgerschaft (Sozialismus), Nationalismus und Weltenbrand, gegenseitige und Selbstzerfleischung im Kampf der Nationen und Ideologien ... Ausströmen in eine sich zunehmend verhärtende Front individualistischer Systeme mit unterschiedlicher Ausprägung von Demokratie einerseits, gegen kollektivistische Systeme mit absolutistischer Machtstruktur andererseits.

In der von mir angesprochenen Erneuerung sollen alle Individuen durch ihre Erziehung mündig werden, sollen erkennen, durch Erfahrung und Belehrung einsehen, dass sie soziale Wesen sind, die voneinander abhängen und nur *miteinander* in Frieden, Freiheit und Wohlbefinden leben können,[258] sollen einsehen, dass sich Verzicht auf Befriedigung individueller Wünsche auf der einen Seite bezahlt macht, weil Andere einem dieselbe Zurückhaltung entgegenbringen, und nicht nur das, auch Verständnis, Respekt und sogar Hilfe in Phasen der Bedürftigkeit. Diese Einsicht ist es, die krankhaftem Individualismus und Hedonismus Grenzen setzt, die aber auch Gewaltherrschaft durch Autokraten oder Gesetze weitgehend überflüssig machen, weil die individuelle Einsicht zum Gesetz in den Individuen geworden ist, weitgehend entsprechend Kants kategorischem Imperativ.

Ein Aspekt der Erneuerung besteht auch darin, einzusehen, dass diese Moral als Ausdruck gegenseitiger Rücksichtnahme kein Naturgesetz ist, (Siehe Kants „Der gestirnte Himmel über mir und das moralische Gesetz in mir" [259]) sondern Ergebnis von Kultur, von Erziehung und Hineinwachsen in eine solche Kultur.

Das Grundprinzip der Erneuerung besteht jedoch darin, dass sich die kulturelle Entwicklung umkehrt, weg von einem Hineinerziehen in eine Ideologie (Platons Ideenlehre, Netzwerk von Gesetzen als Negativabdruck des Soll-Menschen), hin zu einer Kultur, in der die Individuen durch Einsicht zu Repräsentanten eines sozialen Systems werden, eines, das existiert, weil die Menschen es in ihrer Mündigkeit verkörpern. Die jeweils neue Generation soll also nicht durch erzieherisches Überstülpen eines Formengerüsts von Erwartungen in die Gemeinschaft hineinwachsen. Insofern stimme ich mit Montesquieus Überzeugung überein, wo er die Demokratie mit dem Prinzip „Tugend" in Verbindung bringt, wie V. Pesch unter Hinweis auf Montesquieus 19. Buch des „Esprit des Lois" schreibt: *„Darin geht es um die spezifische „Geisteshaltung" eines jeden Volkes und die Notwendigkeit, die politische Ordnung auf diese Geisteshaltung hin auszurichten und nicht umgekehrt zu glauben, man könne Menschen durch Erziehung in eine auf dem Reißbrett entworfene politische Ordnung einpassen",*[260] also einen „Soll-Menschen" erziehen, der in das System passt. Vielmehr soll der Mensch dies erreichen durch Verständnis der Dinge, wie sie sind,

---

258 L.M. Auer, Mensch und Demokratie. LIT-Verlag 2021.

259 Immanuel Kant, Kritik der Praktischen Vernunft, Zweiter Teil, Methodenlehre der Praktischen Vernunft, Beschluss (AA163), S.903, Anaconda Verlag Köln 2015.

260 V. Pesch, Charles de Montesquieu, in P. Massing, G. Breit, H. Buchstein Hrsg., Demokratie-Theorien, Wochenschau Verlag 2017, S. 121f.

Einsicht darein, wie der Mensch kraft seiner biologischen Evolution heute ist und wie er vermeiden kann, die asozialen Verhaltensanteile davon selbst zu bändigen. Autonomie nach Kant besteht darin, dass Jeder „sich selbst und alle andere[n] niemals bloß als Mittel, sondern jederzeit zugleich als Zweck an sich selbst behandeln" soll – Autonomie als *„Grund der Würde der menschlichen und jeder vernünftigen Natur" ist die Freiheit eines jeden „sofern sie mit jedes anderen Freiheit nach einem allgemeinen Gesetz zusammen bestehen kann"* – [261] - das entspricht exakt meiner Feststellung des sich Eingebens in die Gesellschaft zur Hälfte im Sinne reziproken Altruismus' und der „Goldenen Regel" religiöser und säkularer Ethik-Systeme. Die „Gleichursprünglichkeit" von Volkssouveränität und Freiheit, wie Habermas sie vertrat,[262] kann demnach nur in einer Gemeinschaft mündiger Bürger existieren. Denn Freiheit des Individuums ist jener Anteil, zu dem es nicht Teil der Gemeinschaft ist, ursprünglich abhängig, eingenistet und eingebunden. Die Einsicht Aller in diesen Umstand erbringt Allen jene Freiheit, die man einander gewährt, jene Hälfte, zu der man sich nicht in die Gemeinschaft einbringt, sondern individuell souverän ist. Erst die Gesamtheit dieser individuellen Souveränität ergibt die Volkssouveränität, eine Souveränität, in der es keine Herrscher mehr gibt sondern nur noch ein Netzwerk von Teilsouveränitäten und Teilabhängigkeiten in einander zugestandener Würde und einander entgegengebrachter Empathie, auch eingedenk deren Nützlichkeit – eben von reziprokem Altruismus.[263]

E31 Subsidiaritätsprinzip und Demokratie

Herkömmliche vs. Neue Subsidiarität

Als soziales Funktionsprinzip reicht es zurück bis zu den Anfängen der schriftlich dokumentierten Philosophie. In der europäischen Neuzeit wurde es vor allem zu einer sozialethischen Strategie der Calvinisten und auch der Katholischen Kirche (z.B. Enzyklika „Rerum Novarum" von Papst Leo XIII. aus dem Jahr 1891 und „Quadragesimo Anno" von Papst Pius XI. aus 1931). Das „moderne" Subsidiaritätsprinzip der politischen Philosophie des 19. Jahrhunderts ist ein Kind des Liberalismus: es zielte zunächst auf die Befreiung des Individuums von religiöser und staatlicher Dominanz und Bevormundung (mit der Ausnahme der gesetzlichen). Im Weiteren sollten jedoch – und darin lag das Interesse der Kirche – Gruppen und Vereinigungen, Gemeinden und Regionen, die Freiheit der weitgehenden Selbstverwaltung erhalten, insoweit sie nicht mit den Interessen anderer Gruppen kollidieren. Verordnungen und Vorschriften sollten also von der niedrigstmöglichen administrativen Ebene ergehen und dadurch weitreichende Autonomie erlauben. Damit begann das Zeitalter der säkularen wie auch konfessionellen gemeinnützigen Vereine, aber auch der Gewerkschaften. Der Staat sollte nicht mehr

---

[261] Immanuel Kant, Grundlegung zur Metaphysik der Sitten, in: Werkausgabe in zwölf Bänden... Bd. 7, Suhrkamp 1968, S. 66, zit. in J. Habermas, Das Konzept der Menschenwürde und die realistische Utopie der Menschenrechte, in: J. Habermas, Zur Verfassung Europas, Suhrkamp 2011, S. 29.

[262] J. Habermas, zit. bei H. Buchstein in P. Massing, G. Breit, H. Buchstein Hrsg., Demokratie-Theorien, Wochenschau Verlag 2017, S. 320.

[263] L.M. Auer, Mensch und Demokratie. LIT-Verlag 2021, S. 271ff.

länger einen Selbstzweck darstellen, sondern das Volk als dessen Diener repräsentieren und sogar verpflichtet sein, untergeordneten Administrationsebenen im Fall der Hilfsbedürftigkeit zur Seite zu stehen. Auf der untersten Ebene dieses Systems steht das Individuum in seiner privaten Autonomie.

Bedauerlicherweise fehlt der Subsidiarität im wirklichen Leben auf jeder ihrer Ebenen die ethische Qualität des reziproken Altruismus: sie verfällt, wie der Liberalismus, dem Individualismus und dem Stammesdenken, jeglicher Form von Gang-Kultur. Das Subsidiaritätsprinzip tritt darüber hinaus, mehr oder weniger gleichzeitig mit der modernen Demokratie entstanden, mit ihr in Konkurrenz, denn Subsidiarität treibt ein demokratisches System in einen Konflikt zwischen der Regierung der Mehrheit einerseits und der Regel der Souveränität bzw. Autonomie von Interessensgruppen andererseits. Im Ergebnis agiert das Subsidiaritätsprinzip häufig als eine anarchische Kraft innerhalb der Demokratie. Initiativen nach diesem Prinzip verursachten und verstärkten die Polarisierung von Gesellschaftsgruppen und damit den Klassenkampf, wenn auch in bester Absicht, zum Beispiel durch die Forderung nach Rechten der Arbeiterklasse. Letztlich also konkurrieren Demokratie und Subsidiarität einerseits miteinander, während sie andererseits gemeinsam die Demokratie durch Polarisierung und Spaltung von Gesellschaftsgruppen in die Knie zwingen. Aus nochmal anderer Sicht hält Subsidiarität den Niedergang der Demokratie auf, indem sie im Sinne der „Monitory Democracy" und von Eigeninitiativen der Zivilgesellschaft wirkt, wie ich sie im Abschnitt „Demokratie überlebt nur, weil sie nicht funktioniert" (S. 234) diskutierte. Außerdem muss man sich auch sehr davor hüten, dieser „Zivilgesellschaft" unrecht zu tun. Denn eine Vielzahl von Eigeninitiativen aus dem Volk zeigt deutlich, dass dort mehr soziales Verantwortungsgefühl existiert und in die Tat umgesetzt wird, als dies der Mut ihrer Politiker zu dringend erforderlichen Maßnahmen zum Schutz der Umwelt vermuten ließe: Einzelne Bürger motivieren Massen zu Aktionen wie „Urlaub ohne Flugreise".[264] Bürgerinitiativen appellieren für mehr direkte Demokratie vor allem auf regionaler Ebene, eine Bewegung, die mittlerweile bereits auf einer gemeinsamen internationalen Plattform tätig ist: „Democracy International".[265]
Zweifellos verursacht Subsidiarität somit einen Konflikt vergleichbar mit jenem zwischen staatlicher Souveränität und Schutz der Menschenrechte, sobald die Frage auftritt, ab wann höhere Ebenen gegen Tätigkeiten autonomer Gruppen einschreiten sollen.
Subsidiarität und Demokratie sind einander also gleichzeitig Freund und Feind, Ergänzung und Konkurrenz.
Subsidiarität muss also „sozial" werden: um für eine künftige Gesellschaft als zusätzlicher Wert oder Nutzen auf Dauer friedensbildend sein zu können, müsste eine „Neue Subsidiarität" die Ethik des reziproken Altruismus als das höhere Gut über Autonomie praktizieren, und auch ordnende Hierarchie akzeptieren. Die Chaos- und Anarchie-erzeugende Eigenschaft der Subsidiarität wird am Beispiel von Katastrophenereignissen besonders deutlich, wenn zahllose NGOs einander kon-

---

[264] https://www.greencity.de/2019-mach-ich-urlaub-ohne-flugzeug/ abgefragt am
30.05.2019.
[265] Democracy International, https://www.democracy-international.org
abgefragt am 14.06.2019

kurrieren – alle in bester Absicht, aber eben unkoordiniert. Dasselbe gilt für viele gemeinnützige aber private Initiativen, die nach dem Subsidiaritätsprinzip wirken, aber die für den gleichen Bereich verantwortlichen staatlichen Institutionen ignorieren oder gar konkurrenzieren; einige davon arbeiten sogar illegal, wie zum Beispiel politisch aktive konfessionelle Vereinigungen unter dem Deckmantel gemeinnütziger Vereine. Eine koordinierende Autorität ist also auch bei allem guten Willen unverzichtbar, eine, die das Prinzip der minimalen Interferenz, der Entscheidungen auf der niedrigst-möglichen Ebene in fairer Weise wahrt. Weist man jedoch auf den ethischen Unterbau aller Entscheidungen, das Handeln auf der Basis von Äquivalenz und reziprokem Altruismus, so lösen sich darauf sämtliche derartige Konflikte und Spannungen von selbst auf; Voraussetzung dafür ist allerdings auch die Akzeptanz des evidenzbasierten Handelns, ohne das eine faire Hierarchie der Subsidiaritätsebenen nicht erzielbar wäre.[266]

E32 "Economic survival of the fittest" : Von Moral und Wirtschaftsmacht

Der Ausdruck aus der ökonomischen Theorie [267] - wohl zu übersetzen als: ökonomisches Überleben des Stärksten – ist eine der Variationen auf der Klaviatur intellektueller Konkurrenz als Ersatz für physische Gewalt. In Wahrheit handelt es sich wie immer schon um Kampf um Eigeninteresse, verpackt in Rationalisierungen. Für Sinn und Wert von Konkurrenz einzutreten ist nichts als pharisäische Argumentation gegen Fairness und Gleichwertigkeit, oder bestenfalls Selbstversklavung in ein Konstrukt von selbstgeschaffenen Sachzwängen. Die Einschätzung und Zuordnung, ob wir unsere tägliche Arbeit als Beitrag zur Gemeinschaft verstehen oder als Tätigkeit im privaten Interesse und in Konkurrenz gegen die Anderen, diese Einschätzung wird nicht vom Markt diktiert, von ökonomischen Gesetzmäßigkeiten oder von der Natur, sondern einzig und allein von der Art und Weise, wie wir selbst sie sehen – und fühlen. An der Konkurrenz stirbt die Moral. Die Moral wäre jedoch Teil des Gesellschaftsvertrages gewesen, des Sozialkontrakts. Diesen Vertrag kündigt die Gesellschaft in dem Moment auf, da sie Konkurrenz als unvermeidlich akzeptiert, oder gar als vertretbar. Die Gesellschaft lässt sich selbst ins Chaos zurückfallen, indem sie unmoralische Konkurrenz zulässt. Sie manövriert sich selbst in wahnhaften Widerspruch und verschlimmert ihre Lage durch intellektuelle Rechtfertigung, jede Generation wieder auf die zu ihr passende Weise. Einen ersten Höhepunkt erreichte diese doppelbödige Rechtfertigung wohl mit Max Webers diesbezüglichen Texten.[268] Die Unmoral an dem Wahn, der sich verwirklicht im Glauben an unbegrenztes Wirtschaftswachstum, von dem man sich selbst abhängig macht, könnte nicht klarer ausgedrückt werden als mit diesen Worten: "... *viele Ökonomen ... haben erklärt, dass effiziente Märkte moralisches Handeln nur in dem Umfang erlauben, als es sich als profitabel erweist*".* [269] Die Fata Morgana des unbegrenzten

---

[266] L.M. Auer, Mensch und Demokratie. LIT-Verlag 2021, S. 305ff.

[267] Z.B. A. Downs, Ökonomische Theorie der Demokratie, Mohr Siebeck 1993 (1957).

[268] Max Weber, Die protestantische Ethik und der Geist des Kapitalismus, in: Max Weber, Gesammelte Aufsätze zur Religionssoziologie, Tübingen 1947.

[269] K. Homann, Competition and morality, Wittenberg Center for Global Ethics, paper nr. 2006-4, wcge.org/images/wissenschaft/publikationen/DP_2006-4_Homann_-_Competition_and_Morality_o.pdf, abgefragt am 06/30/2018.

Wachstums ist ein Auswuchs des Defekts in der psycho-physiologischen Zusammensetzung des Menschen, die sich im Fehlen eines Sättigungsniveaus seiner Gier zeigt (Buch S. 88f).

Im Konkurrenzkampf regiert die psychische Brutalität. Er treibt die Menschen gegeneinander in immer hinterhältigeren Schlachten mit dem Drang zu obsiegen, bis einer atemlos aufgibt. Konkurrenzkampf ist der Ausdruck des Menschen als Zwitterwesen zwischen Tier und selbstkritischem Geist. Am besten beschreibt man den Konkurrenzkampf wahrscheinlich als die friedliche Version von Krieg – der heutzutage aufflammende Handelskrieg ist sein Ausdruck auf höchster Ebene. So konstruiert sich der Intellekt verschiedene Ebenen seiner Moral für Krieg und Frieden, Konkurrenz und Fairness, Freundschaft und Feindschaft. Der kreative Geist baut sich geheime Hintertreppen, um seine noch eigeneren moralischen Geheimkammern zu erreichen und damit seine eigene Philosophie zu betrügen, allerdings nur um sich letztlich auf den Stufen des Graphikkünstlers Escher wiederzufinden. Verwirrt aber gewahr versteckt sich dieser kreative Geist vor der Erbschaft seiner eigenen Natur. Er ist aber auch fähig zum Gewahrsein seines Gewahrseins. Dank dieser Eigenschaft kann er auch aufrichtig in die Welt blicken und „die Anderen" als gleich bedürftig erkennen wie sich selbst, also gleich. Dort findet der Mensch die Demokratie in sich selbst.

Das dafür übliche Wort – obwohl längst für verschiedene Lügen missbraucht – ist "Humanität". Aus der Sicht unseres Themas – Demokratie – ist die Feststellung interessant, dass es für „Humanität" in der Sprache der griechischen Antike kein äquivalentes Wort zu geben scheint. Ich selbst habe ohnehin bereits vorgeschlagen, es durch „Reziprozität" zu ersetzen;[270] es ist auch für Handel und Ökonomie brauchbar.

Konkurrenz ist der Name für die Mühlsteine im Mahlstrom des Kapitalismus, die zwischen sich die Verlierer zerquetschen – und die Moral der Gewinner. Gegen Ende dieses Prozesses beginnen die gierigen Sieger sich gegenseitig zu verschlingen, sofern sie nicht bereits in Ermangelung schwächerer Konkurrenten verhungert sind. Keine Gesellschaft wird innerlich in Frieden leben, und keine Nationen nebeneinander, solange „Konkurrenz" als unvermeidlich gilt.

Ähnlich von Hayek's Meinung, dass dieses Diktat der kapitalistischen Ökonomie letztlich zum Vorteil Aller gereichen würde, klingt auch der Rat von Adam Smith, dass *"[wir] unser Abendessen nicht von der Mildtätigkeit des Fleischers, des Bierbrauers oder Bäckers bekommen, sondern von deren Wertschätzung ihres Eigeninteresses"*.* [271] Eine andere Möglichkeit es auszudrücken wäre „gegenseitiges Interesse" – es klingt weniger kompetitiv. Gegenseitigkeit, Reziprozität, anstelle von Konkurrenz, wäre der Weg aus dem moralischen Dilemma. Stattdessen aber dominiert die Marktwirtschaft das soziale Leben der Menschen auf diktatorische Weise, alles wird ihr untergeordnet, selbstverständlich auch die Moral. Daher heißt die Frage unserer Tage: *"Wie können moralische Prinzipien und Ideen unter den*

---

[270] L.M. Auer, Mensch und Demokratie. LIT-Verlag 2021, S. 271ff.

[271] Adam Smith, ref. in K. Homann, Competition and morality, Wittenberg Center for Global Ethics, paper nr. 2006-4, S.2., wcge.org/images/wissenschaft/publikationen/ DP_2006-4_Homann_-_Competition_and_Morality_o.pdf, abgefragt am 06/24/2018.

geltenden kompetitiven Bedingungen des Marktes durchgesetzt werden?" * [272]
Aufrichtigere Versuche in diesem Konflikt zwischen Geld und Moral laufen unter dem Begriff "borderline morality" – grenzwertige Moralität.[273] Amartya Sen [274] bezeichnet dezidiert den Markt als Teil der Gesellschaft und nicht umgekehrt – das beruhigt nicht, weil es darauf hinweist, dass diese Meinung nicht so selbstverständlich ist, dass man sie kundtun muss.

Aber es sind nun einmal die Ökonomen, die unsere heutige Welt mit ihrer "Rechtsstaatlichkeit" als einziger verbliebener moralischer Autorität definieren: " *Gesetzliche Richtlinien stellen gewöhnlich das niedrigste [moralische] Niveau dar. Wenn aber sogar das Risiko ihrer Verletzung gering und das Strafmaß niedrig ist, dann sinkt diese grenzwertige Moralität sogar noch unter die des Gesetzes".* * [275]

In dieser Diskussion um die Rechtfertigung der freien Marktwirtschaft wird auch noch weitere Verwirrung infiltriert, indem man „Konkurrenz" auf eine Ebene mit „Gewinn" stellt: *"Der scheinbar bestehende Widerspruch zwischen Konkurrenz und Moral ist in erster Linie ein theoretisches Problem".* *-(!) Wenn man dazu "Konkurrenz" durch das Wort "Gewinn" ersetzt, dann braucht man sich mit Schumpeter's und Smiths Argumentation um die Bedeutung von „sozialer Bedeutung" davon und um "individuelle Motivation" erst gar nicht mehr bemühen.[276] Wenn man nun obendrein berücksichtigt, dass Macht- und Geldgier keine physiologische Sättigungsgrenze kennen, dann können Definitionen von Konkurrenz wie *„es handelt sich dabei um eine Methode, nicht eine Zielsetzung"** bestenfalls als naiv bezeichnet werden (ORDO[277])

Bei diesem Nachweis des moralischen Diktats der Ökonomie kommt man nicht leicht an eine Ende: *"Im Gegensatz zu ihrer äußeren Erscheinung haben moderne Marktwirtschaft und Konkurrenz durchaus eine moralische Qualität".* * [278] Als Begründung folgt der Hinweis, dass Effizienz eine solche moralische Qualität sei, dass moralischer Interventionismus dieser Effizienz schade und dadurch den Markt seiner Moralität beraube. Die Argumentation läuft parallel zu jener im Rahmen der zuvor besprochenen „Ökonokratie" (S. 158f) und zeigt nochmal deutlicher die Strategie der Geldmacht, die Denkweise ganzer Nationen unter Kontrolle zu bekommen.

---

[272] K. Homann, Competition and morality, Wittenberg Center for Global Ethics, paper nr. 2006-4
   https://www.wcge.org/images/wissenschaft/publikationen/DP_2006-4_Homann_-_Competition_and_Morality_o.pdf, abgefragt am 06/30/2018.

[273] ebd.

[274] Amartya Sen, The Moral Standing of the Market, in: Ethics and Economics, ed. by E. F. Paul et al. Oxford 1985, 1-19, ref. in K. Homann, Competition and morality, Wittenberg Center for Global Ethics, paper nr. 2006-4, S.6,
   https://www.wcge.org/images/wissenschaft/publikationen/DP_2006-4_Homann_-_Competition_and_Morality_o.pdf, abgefragt am 06/24/2018

[275] K. Homann, s. Zit. 277

[276] ebd.

[277] Annals for the Organisation of Economy and Society, de Gruyter, Vorwort zur ersten Ausgabe 1948.

[278] K. Homann, Competition and morality, Wittenberg Center for Global Ethics, paper nr. 2006-4, wcge.org/images/wissenschaft/publikationen/DP_2006-4_Homann_-_Competition_and_Morality_o.pdf,S. 7, abgefragt am 06/30/2018.

Diese moralische Zerrüttung wird in die Welt getragen, auch in die Dritte: so wird in dieser Welt beispielsweise der Verkauf von ökologisch bedenklichen oder gefährlichen Gütern von einer westlichen Demokratie an ein Land der Dritten Welt moralisch vertretbar, weil ansonsten ohnehin andere Staaten dasselbe täten. An diesem Punkt wenden sich die meinungsbildenden Ökonomen vertrauensvoll an die Worte von Max Weber [279] und seine Entschuldung in einem moralischen Dilemma: man könne von einer Firma nicht verlangen, sich selbst in den Ruin zu bringen, nur weil sie die einzige ist, die moralisch handelt.[280] (Aber Staaten und Konzerne können Milliarden ausgeben, um Konkurrenten durch dumping oder andere Strategien in den Ruin zu treiben – auf die Idee ist offenbar noch niemals jemand gekommen, dass solche Staaten auch ihre Firmen in solchen Konflikten vor dem Ruin bewahren könnten).

Keine Firma ist gezwungen, ihre Produkte an andere Länder zu verkaufen. Die Wahrheit ist, dass sich diese westlichen Firmen in einen brutalen Konkurrenzkampf gegeneinander verbissen haben und dabei jegliche erdenklichen unfairen Praktiken neben der allgemein üblichen Bestechung einsetzen. Diese westlichen Staaten hätten auch eine Allianz gegen solche Machenschaften bilden können, vergleichbar mit der NATO auf militärischem Gebiet – eine Allianz für fairen Handel. Damit könnte man Länder sanktionieren, welche die Regeln der Welthandelsorganisation WTO übertreten. Der Grund, warum dies in der wirklichen Welt nicht geschieht, liegt darin, dass die Marktwirtschaft Staaten und Gesellschaften in Geiselhaft hält und diktiert, was Moral zu sein hat.

Kann der Sozialismus allein aus dieser Lage helfen? Peter Massing weist in dies Richtung, wonach *„Schumpeter … davon aus[geht], dass … [der Sozialismus] nicht nur funktionieren, sondern dass er auch effizienter als der Kapitalismus sein könnte. Zudem seien Sozialismus und Demokratie durchaus miteinander vereinbar".*[281] Ich meine, dass ein wesentlich tiefer greifender sozialer Wandel mit einer neuen Ethik im Rahmen einer neuen Aufklärung hierfür unausweichlich notwendig sein wird.[282]

E33 Über die moralische Verpflichtung zur, und den Glauben an, Erziehung

Damit meine ich auch, dass die unbedingte Forderung nach einer bestimmten Verhaltensqualität bei sofortiger Strafandrohung nicht zielführend und daher nicht akzeptabel ist. „Menschlichkeit" drückt sich in der Erziehung durch dasselbe „Verstehen" aus, das auch vermittelt werden soll: dementsprechend soll nicht

---

[279] Max Weber, Die protestantische Ethik und der Geist des Kapitalismus, in: Max Weber, Gesammelte Aufsätze zur Religionssoziologie, 4. Aufl., Tübingen 1947, 17-206,37, ref. in K. Homann, Competition and morality, Wittenberg Center for Global Ethics, paper nr. 2006-4, https://www.wcge.org/images/wissenschaft/publikationen/DP_2006-4_Homann_-_Competition_and_Morality_o.pdf, abgefragt am 06/24/2018

[280] K. Homann,

[281] P. Massing, Joseph Schumpeter, in P. Massing, G. Breit, H. Buchstein Hrsg., Demokratie-Theorien, Wochenschau Verlag 2017, S. 223, Bezug auf J. Schumpeter, Kapitalismus, Sozialismus und Demokratie 1950 (1942).

[282] L.M. Auer, Mensch und Demokratie. LIT-Verlag 2021, S. 268ff.

„Gehorchen“ im Vordergrund stehen, sondern 1- das ehrliche Bemühen, 2- die Bedachtnahme des Erziehers auf den Umstand, dass es moralische Konflikte gibt, die zu "falschem" Verhalten führen können.

Teile der Erziehung laufen durch archaische Prozesse automatisch ab wie schon einer Vielzahl von Tierspezies. Wenn man auf der Ebene des Menschen von "Beispiel“ spricht, das die Kinder nachahmen, dann ergibt sich daraus erneut der Hinweis auf die Langsamkeit des Wandlungsprozesses, von dem hier die Rede ist. Denn einen unvermeidlichen Teil nehmen die Kinder von der Vorgeneration mit in die Zukunft. Der verbale Teil der Erziehung, die Erklärung zum Verständnis, muss auch die Aufrichtigkeit der Erzieher beinhalten, auf die eigene Unvollkommenheit hinzuweisen, die wirkliche Welt zu erklären, nicht eine Traumwelt von Prinzen und Prinzessinnen und von unhinterfragten Vorbildern. Ken Davidson hat dafür drastische Worte gefunden, aber sie machen klar, worum es geht: "*... Politiker sagen dir nie, dass Erziehung die Kinder auf die Übergriffe dämlicher Bürokraten vorbereiten sollte, und auf Gangster im Nadelstreif, Schwindler, Scharlatane, Betrüger, Taschendiebe, Zuhälter, unfähige, heuchlerische Politiker, Baupfuscher, Lügenpresse und unaufrichtige Händler: das ist aber die Welt, in der wir leben".* Davidson bezieht sich auch auf den englischen Schulinspektor George Sampson, der 1921 schrieb: "*Erziehung ist eine Vorbereitung auf das Leben, nicht nur das Fortkommen, für das Leben, nicht als Lebensunterhalt. Ihr Ziel ist es, Frauen und Männer hervorzubringen, nicht "Hände"* [gemeint Arbeiter].* [283] Die Situation von Schulen und anderen Erziehungseinrichtungen in westlichen Ländern wird oft kritisiert: "*... wir haben ein System entwickelt, das die Bedürfnisse von Studenten den Bedürfnissen von Erwachsenen opfert ... erst wenn die ... verschwinden, kann aus der Mediokratie eine Demokratie werden".* [284] Sozialmoral beizubringen, das Verständnis und Gewahrsein zu wecken, dass der Mensch Teil einer Gemeinschaft ist, in der alle voneinander abhängen, ein Gleichgewicht zwischen Pflichten und Rechten, nicht nur von Forderungen nach Rechten, dies wird eine erhebliche Herausforderung für Lehrer und Eltern, die selbst diese Qualitäten in ihrer eigenen Erziehung kaum noch mitbekommen haben.[285]

Wenn im Kind die Bewusstheit erwacht, beginnt es tausend Fragen zu stellen, warum die Dinge so sind wie sie sind. Die beste Erklärung, die wir ihnen für die Notwendigkeit von Sozialmoral geben können, ist die Wahrheit, unser Wissen über unsere wirkliche Natur.

Künftig sollten konkrete Inhalte über asoziales Verhalten und seine Kontrolle Teil der Erziehung sein, z.B. die positiven und negativen Wirkungen von Vertrauensvorschuss im Rahmen des "Sträflings-Dilemma“-Spieles (engl. prisoner's dilemma-game).[A122] Desgleichen müsste die Selbstverständlichkeit sozialer Verantwortlichkeit dazu zählen ebenso wie die Akzeptanz von Vorstellungen in anderen Kulturen. Der westliche Kulturkreis hat seine Orientierung im Individualismus verloren, fordert aber weiterhin eine globale Führungsrolle; in Selbstkritik hat ein westlicher Autor von einer "*Anglo-amerikanischen Art von engstirnigem Reduktionismus*“

---

[283] K. Davidson, Education: from meritocracy to mediocracy: Progress since 1945. Kindle edition 2016

[284] D. Ross, Mediocracy: How to Fix our School System's I's, Huffington Post 05/01/2011, abgefragt am 01/15/2018.

[285] L.M. Auer, Mensch und Demokratie. LIT-Verlag 2021, S. 295ff.

gesprochen und davon, dass der Westen den Rest der Welt als *"einen Lehrling der globalen englischen Kultur"* * 286 betrachte. In der Tat sollte sich der Westen umsehen, was er von anderen Kulturen lernen kann. Huntington gibt davon ein Beispiel mit seinem Hinweis auf die *"Singapurer Kulturoffensive"*, und deren Werte, wie etwa *"… Ordnung, Disziplin, Familienzusammenhalt, harte Arbeit, Kollektivismus, Enthaltsamkeit – gegenüber Hemmungslosigkeit, Faulheit, Individualismus, Kriminalität, minderwertiger Bildung, Mißachtung der Autorität und "geistiger Verknöcherung"*, die für den Niedergang des Westens verantwortlich gemacht werden; dazu zitiert er auch Lee Kuan Yew, den Ministerpräsidenten von Singapur in der zweiten Hälfte des 20. Jahrhunderts: *"… die Werte, die die ostasiatische Kultur hochhält, wie zum Beispiel das Primat von Gruppeninteressen vor Einzelinteressen … Diese Arbeitsethik ist Ausfluß der Philosophie, daß die Gemeinschaft und das Land wichtiger sind als das Individuum"*. 287 Huntington beschreibt das System als *"… gemeinsame Ablehnung des Individualismus und das Vorherrschen eines sanften Autoritarismus oder sehr begrenzter Formen von Demokratie"*.288 Welche Kritik diese Worte auch immer auslösen mögen, sie sind eine Überlegung wert; sie sind aber auch eine Erinnerung an die Widersprüchlichkeit im westlichen politischen Anspruch, der mit den Worten "Wir, das Volk" beginnt, dann den Kollektivismus pauschal verdonnert und selbst im Begriff ist, im Individualismus unterzugehen. Grayling nennt diese westliche Haltung *"Unachtsamkeit, Trägheit, Nachlässigkeit aus Selbstüberschätzung und Zerstreutheit in Belanglosigkeiten"*.* 289 Aber wir sollten Selbstkritik nicht lediglich als Selbstbeschuldigung verstehen, sondern vielmehr als Weckruf zur Selbstbesinnung des Westens, Europas. Immerhin haben Staaten wie Singapur all ihren heutigen Erfolg auf diesen westlichen Errungenschaften aufgebaut, die sie voll und ganz in ihre eigene Kultur übernommen haben. Es geht also nicht um Überlegenheit und Unterlegenheit, sondern um voneinander Lernen.

Karl Poppers 290 Ansicht, dass wir uns von einer geschlossenen zu einer "Offenen Gesellschaft" 291 hin entwickelten, trifft angesichts der tatsächlichen Bewegung in eine individualistische Gesellschaft nicht vollkommen zu. Künftige Erziehung müsste demnach verständlich machen, dass es ohne Gemeinschaft nichts gibt, keine wirklichen Menschen, keine Kultur, keine Zukunft. Erziehung muss den Menschen klar machen, dass sie dazu neigen, kraft ihrer geistigen Fähigkeiten die eigenen Erwartungen und Träume zu erfüllen und darüber ihre Herkunft und Abhängigkeit zu vergessen. Daher müssen sie auch die nächste Stufe ihrer Fähigkeiten gebrauchen

---

286 G. Ankerl, Global communication without universal civilization, in: Coexisting Contemporary Civilizations: Arabo-Muslim, Bharati, Chinese, and Western, INU Press 2000

287 S.P. Huntington, Der Kampf der Kulturen, Goldmann 2002, (Orig. The clash of Civilizations and the Remaking of World Order, The Free Press 2002, Simon & Schuster 1997), S. 165.

288 ebd, S. 166.

289 A.C. Grayling, Democracy and its crisis, Oneworld 2017, S. 11.

290 K. Popper, The Open Society and its Enemies, Routledge 2011 (1945)

291 *"Die geschlossene Gesellschaft, und mit ihr das Credo, dass der Stamm alles ist und das Individuum nichts, war in sich zusammengebrochen … der Glaube daran, dass es nichts bedeutenderes im Leben gibt als die anderen Individuen, der Appell an die Menschen, einander und sich selbst zu respektieren, scheint auf Sokrates zurückzugehen"*.*

lernen: die Rückbesinnung auf diese eigene Herkunft, die zur Einsicht der Abhängigkeit und damit in eine neue soziale Verantwortlichkeit führen kann. Popper meint, dass Sokrates diese zweite Stufe des Gewahrseins "seine Seele" genannt habe, jedoch nicht in einem metaphysischen sondern im moralischen Sinn: *"Er kämpfte mithilfe dieser Lehrmeinung ... gegen Selbstgefälligkeit und Selbstzufriedenheit".* [292]
Erziehung sollte demnach verständlich machen, dass es nichts Wichtigeres an sozialer Einstellung gibt als die Würdigung der Anderen, die der eigenen Bewusstheit zum Leben verholfen haben. Aus dem Wunsch heraus, diesem so entstandenen eigenen bewussten Dasein den richtigen Platz und Sinn zu geben, erwächst das Prinzip der Reziprozität mit ihren Folgequalitäten als natürliche menschliche Moral. Nicht Freiheit von der Einschränkung durch die Anderen, und nicht von den Anderen eingeforderte Gleichheit können das Ziel sein, sondern Befreiung von der eigenen Sucht zur Selbstzufriedenheit. Fairness, Respekt gegenüber den Anderen und ihrer Würde sind das heutige Äquivalent von Sokrates' "Seele".

Betreffend "Wissen" als Erziehungsinhalt gibt es bereits erste Schritte in Ländern wie Großbritannien, wo „Wissenschaftstheorie" Gegenstand an Mittelschulen bzw. Gymnasien ist, mit dem Hinweis, dass jegliches Wissen hypothetisch ist und ein Schritt in einem andauernden Erkenntnisprozess. Ergänzend sollte eben auch auf die in Kapitel II besprochenen Bereiche automatischen Denkens und deren zwingenden wie potenziell irreführenden Charakter eindringlich hingewiesen werden; denn ihr Verständnis ist der Startpunkt für den Wandel zu einem rücksichtsvolleren Mitmenschen.
Man kann abschließend nicht genug betonen, wie bedeutsam es ist, bei diesem Prozess keinen Teil der Bevölkerung zurückzulassen; denn ohne diese gleiche Ausgangsbasis fehlt die Voraussetzung für das Verständnis der zu vermittelnden Ethik.[293]

E34 Erziehung und Gesellschaft – Demokratie auf dem Weg zu sich selbst

Rousseau, und vor ihm John Locke [A298] sowie nach ihm Robespierre,[A285] scheinen nicht gesehen zu haben, dass man, um einen Wandel in der Gesellschaft zu erzielen, bei der Erziehung der Kinder beginnen muss. Die bewusste Entscheidung der Erwachsenen, in irgendeinem Lebensalter, kann dafür nicht genügen, um eine Sozialstruktur für friedliches Zusammenleben zu erzielen. Das Kind, das in ein System hineinwächst, kennt nichts anderes, bis es heranwächst und alles kritisch hinterfragen kann. Daher stimme ich mit Rousseau nicht überein, wenn er von einem Wechsel *"... vom Naturzustand zu einem zivilisierten Status"* wie von einem Entscheidungsereignis spricht, weil dies der Natur und Fähigkeit des durchschnittlichen Menschen zuwiderläuft. Dieser scheinbar einfache Akt bewusster Entscheidung, von nun an *"seine Vernunft zu befragen, bevor er seinen Neigungen folgt",* ist bestenfalls der Beginn eines Projektes zur Erwachsenenbildung und -umerziehung, von dem man keinen gesellschaftlichen Wandel innerhalb einer Generation erwarten kann (wie dies Robespierre und die Jakobiner erfolglos zu erzwingen suchten). Die Erkenntnis des Erziehers, dass *"... die reine Appetenz Sklaverei [ist], wohingegen die*

---

[292] Popper, The Open Society and its Enemies, Routledge 2011 (1945), S. 180.
[293] L.M. Auer, Mensch und Demokratie. LIT-Verlag 2021, S. 268ff.

Befolgung eines selbstauferlegten Gesetzes Freiheit bedeutet", [294] kann nicht ernst-haft gleichzeitig schon als Umerziehungserfolg gesehen werden; sie erfordert stattdessen die Anwendung in der Kindererziehung. Rousseau blieb aus diesem Grund der Theoretiker, obwohl er sich selbst als eine Art soziologischer Politik-wissenschaftler und praktischer Reformer gesehen haben muss. Kant hat mit seinem kategorischen Imperativ [295] von vornherein nur ein theoretisch-philosophisches Prinzip als Leitfaden für jegliche Ansätze für eine Erziehung beschrieben – und sogleich bezweifelt, ob Menschen dieses Ziel des Aufgeklärtseins jemals würden erreichen können.[296] Den Endpunkt einer solchen Entwicklung stellt er aber dann doch wieder dar, sozusagen als attraktive, erlösende Zielsetzung, die das Zusammen-leben wesentlich erleichtern könnte.[A287] Im Gegensatz dazu ist Rousseau's Forde-rung zur vollständigen Selbstaufgabe a priori zum Scheitern verurteilt, weil sie dem Eintritt eines ganzen Volkes in ein Kloster gleichkäme. Dabei räumt er ohnehin selbst ein, dass, *"... würde nicht der häufige Verrat dieses neuen Zustandes ihn noch tiefer erniedrigen als der Zustand vor diesem Wandel, er müsste ständig den glücklichen Moment preisen, der ihn für immer von dort unten wegholte, und ihn zu einem intelli-genten Wesen und zu einem Menschen machte, anstelle eines dummen und phantasie-losen Tieres".* [297] Rousseau steht mit seinem theoretischen Konstrukt an mehreren Stellen im Gegensatz zur wirklichen Welt: der Mensch wird nicht durch eine indivi-duelle, bewusste Entscheidung zum Menschen, sondern durch Erziehung als Kind in eine bestehende Kultur, die ihrerseits den bisherigen Endpunkt der Phylogenese darstellt. Er tut dies nicht alleine, sondern durch seine Präsenz in einem mensch-lichen Umfeld mit dichter verbaler Kommunikation. Der Mensch wird also weder in Phylogenese noch in Ontogenese durch eine bewusste Entscheidung vom Tier (reinen Instinktwesen) zum Menschen, sondern weil er Teil einer Kulturgemein-schaft ist. Und da ihn ohnehin *"... der häufige Verrat dieses neuen Zustandes ... noch tiefer erniedrigt als der Zustand vor diesem Wandel",* fragt sich, welchen Sinn ein Sozialkontrakt hat, von dem er weiß, dass er nicht funktionieren wird. Damit soll nicht der Sinn eines Sozialkontraktes grundsätzlich infrage gestellt, sondern ver-deutlicht werden, dass ohne die entsprechende Erziehung gemäß eines Sozial-vertrages das Sozialsystem zum Versagen verdammt ist, so wie die derzeitige Form von Demokratie.

Das Problem ist nun zweifach: einmal das Grundproblem, mit dem schon Aristoteles bei seiner Forderung nach Erziehung konfrontiert war: Das Problem der Forderung nach Erneuerung durch bessere Eingewöhnung des Kindes in eine Gesellschaft, die ihrerseits noch nicht erneuert ist, also dem Kind diese Erneuerung gar nicht vermitteln kann (siehe auch [E1]). Und zweitens die Tatsache, dass Erziehung in der heutigen liberalen Demokratie praktisch nicht stattfindet (s. S. 295). In Deutschland sei dieser Mangel schon im 19. Jh. systematisch herangezüchtet worden, meint Max Weber in seiner Kritik an Bismarcks politischem Erbe: *„Er hinterließ eine Nation ohne alle und jede politische Erziehung, tief unter dem Niveau, welches sie in dieser Hinsicht zwanzig Jahre vorher bereits erreicht hatte. Und vor allem eine Nation ohne*

---

[294] Jean-Jacques Rousseau, The Social Contract. Digireads 2005, S. 10.
[295] Immanuel Kant, Grundlegung zur Metaphysik der Sitten, AA IV, S. 421, Reclam S. 68.
[296] Immanuel Kant, Was ist Aufklärung?, Berlin. Monatsschr., 1784, 2, S. 481–494, S. 481.
[297] Jean-Jacques Rousseau, The Social Contract. Digireads 2005, S. 10.

allen und jeden politischen Willen ...".[298]

Mit der Priorität von „Freiheit" musste auch Erziehung als Hauptanliegen von menschlicher Gesellschaft hintanbleiben. Aus politischer Sicht sollte es die Erziehung in das Verständnis von gegenseitiger Abhängigkeit als Basis für die Einsicht in die Willensentscheidung zum Zusammenleben in einer Gemeinschaft sein, einem Staat. Diese Erziehung sollte auch den Unterschied zu „Nationalismus" verstehen lehren, der sich vor allem definiert aus dem Unterschied zu Anderen, dem, was man nicht ist und nicht sein will, Meinung auch, die in aggressiver Weise vorgetragen und nicht selten auch ausgetragen wird.

Damit zeigt sich der fatale Fehler im politischen System von derzeitiger Demokratie, die „Freiheit" voranstellt anstatt „Willen zur Gemeinschaft". Im Ansatz hätte Rousseau damit ja recht gehabt, nur hat er das Kind mit Bade ausgeschüttet, indem er die vollständige Selbstaufgabe forderte, vorbei an der Chance, stattdessen auf Reziprozität als der „naturgewachsenen" Lösung zu setzen.[299] Und nicht nur das: auch ein Grundvertrauen steckt im Menschen, das sich auf diese Reziprozität verlässt;[E12] man muss nur in der Erziehung darauf aufbauen. Das Kind lernt zunächst dieses Grundvertrauen in seine unmittelbare soziale Umgebung ganz von selbst, indem es seine Abhängigkeit spürt und die Hilfe und den Schutz als Antwort erhält,[E12] bis es in der Konfrontation mit der Lüge, dem Betrug, zerstört wird. Es sind vor allem auch die Institutionen des Staates selbst, die nicht Vorbild sind, sondern die eigenen Prinzipien von Gleichheit und Brüderlichkeit nicht einhalten und damit den Sozialkontrakt brechen: ein Staat, der im kalten Krieg der Parteien einen Teil seiner Bürger zurücklässt, verliert seine Glaubwürdigkeit und schafft sich Feinde in den eigenen Reihen.[300] So wie Priester und Nonnen Kinder missbrauchen, die sie zu vertrauensvollen Bürgern hätten erziehen sollen, so zerstört auch der demokratische Staat seine eigene Glaubwürdigkeit, indem er für die unabdingbare Erziehung nicht sorgt und seine eigenen Bürger für eigensüchtige Zwecke missbraucht.

Die Philosophen der Federalists [E2] lassen ihre Bürger, so wie deren Kinder, diese Störenfriede, in ihrem Kindergarten spielen und sich balgen, bestrafen all jene, die ihre Regeln nicht befolgen, „das Gesetz", und vergessen die Möglichkeiten und Chancen der Erziehung – oder haben den Glauben an den Sinn des Bemühens verloren. Heute gilt „Erziehung" nachgerade als „Dirigismus" durch den Staat, als tätlicher Angriff auf die individuelle Freiheit. Der einzig verbleibende Lehrer und Erzieher für Sozialverhalten bleibt „das Gesetz" – neben dem Schattengewächs des Freiheitszwanges: der Produktwerbung der freien Marktwirtschaft. Der Glaube an die Notwendigkeit von Erziehung zu sozial verantwortungsvollen und selbstbestimmten Bürgern wird zur Voraussetzung für eine überlebensfähige Neue Demokratie.[E33]

---

[298] M. Weber, Bismarcks politisches Erbe und der Parlamentarismus, 1918, zit. von G. Breit in
    P. Massing, G. Breit, H. Buchstein Hrsg., Demokratie-Theorien, Wochenschau Verlag 2017,
    S. 208.
[299] L.M. Auer, Mensch und Demokratie. LIT-Verlag 2021, S. 271ff.
[300] ebd, S. 175ff.

E35 Volks-Epistokratie

> Eine normative [301] Entscheidungstheorie auf der Basis von Evidenz und
> Beteiligung aller Bürger

Nach Giovanni Sartori haben wir es mit einem führungssuchenden und -bedürftigen
Publikum zu tun, wie Meinungsumfragen und Wahluntersuchungen ergeben hätten.
[302] Von dieser Annahme ging auch ich in Kap. 2 aus, um auf die gegenwärtigen Lage
der Demokratie hinzuweisen; sie ist allerdings nur so lange die einzig richtige Basis
für eine Eliten-Theorie, als man nicht zur Kenntnis nehmen will, dass die Befragten
das Ergebnis ihrer Erziehung und Gewöhnung in eine Kultur sowie manipulativ
wirksamer Medien sind. Wen soll es wunder nehmen, dass Unmündige Führung
suchen? Die gegenwärtige Form von Demokratie und ihre politischen Führer leben
von der politischen Verwaltung dieser unmündig aufgewachsenen Völker. Eine Neue
Aufklärung ist daher die Basis für eine Neue Demokratie.[303]

Ich gebe mich also nicht nur nicht *„wie Schumpeter, mit der Beschreibung der Realität
- der ... Zweiteilung aller Gesellschaften in „elitefremde" Schichten und etablierte Eliten
– zufrieden",* ich frage auch nicht nur *„normativ nach der notwendigen Qualität demokratischer Eliten und wie diese sicherzustellen ist".*[304] Ich versuche auch nicht, wie
Sartori, *„empirische und normative Aspekte in ... [Schumpeters] Demokratietheorie zu
vereinen und zu versöhnen",*[305] weil auch seine *„Konkurrenz-Rückkoppelungstheorie"*
keinen wesentlichen Fortschritt zur Beantwortung der Frage liefern kann, wie man
Demokratie demokratischer machen könne. Ich setze stattdessen auf erweiterte
Partizipation, auf die Partizipation Aller, also eine neue Form der direkten Demokratie, und postuliere, dass bei entsprechender Erziehung zur Mündigkeit im
Rahmen einer weiteren Aufklärung zu einer „Neuen Ethik" [306] die weitaus überwie-
gende Zahl der Bürger selbst zur Elite in irgendeinem Bereich werden und als solche
aktiv in einer „Neuen Demokratie" mitwirken kann, eben in einer VOLKS-EPISTO-
KRATIE,[307] basierend auf Erfahrung und Evidenz.

Damit verlagere ich die Notwendigkeit von Führung auf die Erziehung zum mündi-
gen Bürger, und jene von Regierungsmacht auf objektivierende Evidenz.

Die von Sartori vorgeschlagene „selektive Polyarchie des Verdienstes" erachte ich a)
teils als Übergangsstadium, b) teils als nicht ganz zutreffende Benennung des von
mir vorgeschlagenen Systems: a) als Übergangsstadium deshalb, weil auf dem Weg
zur Neuen Demokratie ausschließlich besser ausgebildete bzw. überhaupt ausgebildete Politiker zur Wahl stehen sollten, und weil die Funktionsstruktur der Beratung

---

[301] Unter der Maßgabe, dass man bei der empirischen Vorgehensweise zu verstehen sucht,
wie Demokratie funktioniert, man bei der normativen jedoch bemüht ist, Demokratie zu
fördern und zu vervollkommnen.

[302] G. Sartori, Demokratietheorie, zit. von P. Massing, in P. Massing, G. Breit, H. Buchstein Hrsg.,
Demokratie-Theorien, Wochenschau Verlag 2017, S. 241.

[303] L.M. Auer, Mensch und Demokratie. LIT-Verlag 2021, S. 303ff.

[304] P. Massing, Giovanni Sartori, in P. Massing, G. Breit, H. Buchstein Hrsg., Demokratie-
Theorien, Wochenschau Verlag 2017, S. 241.

[305] ebd.

[306] L.M. Auer, Mensch und Demokratie. LIT-Verlag 2021, S. 268ff.

[307] ebd, S. 312ff.

der Politiker durch Experten schrittweise ausgebaut und verbessert werden muss; b) als teilweise nicht ganz zutreffende Benennung des von mir vorgeschlagenen Systems bezeichne ich Sartoris Ausdruck deshalb, weil in meinem endgültigen System zwar alle aktiven Teilnehmer am Prozess der Informationsverarbeitung und des Vorschlagssystems für Entscheidungsfindungen einer Selektion unterzogen, d.h. einer Eignungs- und Qualifikationsprüfung unterzogen werden, daraus letztlich jedoch nicht nur eine Polyarchie entsteht, sondern eine Omni-Archie in einer Volks-Epistokratie.[308] Außerdem soll die Entscheidungsmacht in allen dafür geeigneten Situationen (i.e. ausreichendes Evidenz-Niveau) nicht bei Personen liegen, sondern bei der Lösung mit dem höchsten Evidenzniveau, jener Evidenz, die von Personen und Gremien erarbeitet wurde.

Den Schritt über Sartori hinaus schlage ich deshalb vor, weil man bei Politikern zwar von vornherein deren Qualifikation und Ausbildung prüfen kann, nicht jedoch – und dies ist eben eine menschliche Eigenschaft der situationsbezogenen Schwäche – ob sie im Entscheidungsfall auch tatsächlich die erforderliche Verantwortung im Interesse des Gemeinwohls zeigen werden. An diesem Punkt wird der Entscheidungsfall zur Entscheidungsfalle für das demokratische System: entscheidet ein Führer in privatem oder Parteiinteresse, oder auf der Basis von Instinkt oder Glauben – statt Evidenz –, sitzt die Gesellschaft in der Falle; bis sie reagieren kann, ist es möglicherweise zu spät.

Es braucht dementsprechend eine ethische Basis, einen Vertrag, der die gemeinsamen Grundlagen und Strategien benennt, und einen Apparat, der die Entscheidungswege auf der Basis dieses Vertrages und anhand der verfügbaren Evidenz überwacht und bestimmt. Es geht also in der Tat um eine Entscheidungstheorie, wie Sartori feststellt.

In meiner Theorie sind es nicht nur qualifizierte Politiker, die entscheiden, sondern wann immer möglich die von Experten erarbeitete Evidenz, ausgewählt durch den Filter des Vertrages, die ethischen Prinzipien der Gemeinschaft.

Es geht also nicht ohne Ethik und nicht ohne Objektivierung bzw. Depersonalisierung der Macht, um Missbrauch vorzubeugen.

Beim Kuhhandel um Rechte soll es nicht mehr um mehr oder weniger Vor- oder Nachteile gehen, sondern um eine ganz neue Basis, wenn auch aus altbekannten Elementen: reziproker Altruismus verleiht gegenseitig gleiche Würde, gleiche Rechte, Einsicht in, und Verständnis für, natur- und systembedingte Ungleichheiten, die trotz Fairness bleiben; er gewährleistet neues Vertrauen und Nachsicht in die Folgen unserer Fehlbarkeit, soweit sie durch neue Strategien in der Erziehung und Selbst-Erziehung (z.B. intelligente Neu-Orientierung) nicht verhindert werden kann; gleichzeitig veranlasst er zu freiwilliger Buße statt Rache-Justiz.

Wenn keine ausreichende Evidenz verfügbar ist, geht es mir um „Einhelligkeitsdemokratie" nach Lijphart, wobei sich die Einhelligkeit bei mir Ethik-bedingt in den meisten Fällen von selbst ergeben sollte. Dazu muss die Neue Ethik die Neue Kultur repräsentieren. Sie fußt auf dem säkularen Kern der „Goldenen Regel" aller großen Welt-Religionen, also auf reziprokem Altruismus. Dadurch entsteht Konsens aus Fairness und sich Zurücknehmen, nicht mehr als schmerzlicher Verzicht, sondern als

---

[308] ebd.

Prinzip, das gar nicht ohne Opportunismus zu sein braucht, denn es entspricht dem Nachgeben in Reziprozität, in dem sich Vorteile automatisch ergeben, wenn auch nicht sofort, sondern evtl. mittelfristig oder nur für den immerhin wahrscheinlichen Fall des Eintretens der eigenen Bedürftigkeit. Diese Ethik entspricht auch der Kant' schen Beschreibung des Einzelnen als Träger der gemeinsamen Sozialordnung, die er aus Selbstbestimmtheit repräsentiert.

Der Wandel von der Verhandlungsdemokratie zur Volks-Epistokratie, i.e. zu einer Neuen, evidenzbasierten Demokratie mit fundierter Ethik, ist auch die Herausforderung für eine neue Europäische Union, eine künftige Demokratie der Demokratien als Modell für die Welt.

E36 Übereinkunft: die Antithese zum Diktat der Mehrheit

Einigung statt Abstimmung in allen Fällen, wo Fakten allein für eine Entscheidung nicht ausreichen. Der Weg dorthin beginnt sich bereits abzuzeichnen:
Als sich die deutschen Politiker nach der Wahl 2017 lange Zeit auf keine Koalition einigen konnten, wurde das Problem an die Wähler zurückgespielt mit dem Vorwurf: hättet ihr unsere Partei mehrheitlich gewählt, dann gäbe es jetzt keine Regierungskrise. Die Situation in Deutschland wies damit aber nicht nur auf die Absurdität der Folge dieser Art von Entscheidungsprozess, sondern auch auf dessen Nachfolger: den politischen Parteien blieb letztlich keine andere Wahl, als zu einer Übereinkunft zu kommen, wollten sie vermeiden, dass der demokratische Staat schon jetzt zu Ende ist. Wenn sich aber Parteien auf ein gemeinsames Programm einigen können, nachdem sie vor der Wahl mit teilweise sehr unterschiedlichen Versprechungen gegeneinander gekämpft hatten, resultiert die berechtigte Frage nach dem Sinn dieses Theaters, das in erster Linie einen Zustand der Gesellschaft widerspiegelt - man zankt sich vor lauter Wohlstand in zunehmendem Hedonismus, bis man feststellt, dass als Folge des Unwillens, füreinander da zu sein, das gesellschaftliche Leben zum Stillstand kommt. Man muss also wohl oder übel wieder zusammenfinden in der Einsicht, dass es kein Brot mehr gibt, wenn der Bäcker zu reich geworden ist und nicht mehr bereit ist zu arbeiten. Als Folge der gesellschaftlichen Einsicht können auch die Politiker der verschiedenen Parteien tun, was sie auch schon vor der Wahl hätten tun können und jetzt ohnehin tun müssen: zu einer Übereinkunft kommen. Der Weg aus diesem weit verbreiteten Dilemma der Demokratie besteht also darin, die ideologische Parteipolitik aufzugeben und sich auf evidenzbasierte Lösungen in der Sachpolitik zu verlegen. Dies kann gelingen, wenn man unter Politik tatsächlich „Sachpolitik" versteht, die sich außer auf die im Grundgesetz verankerte ethische Basis auf keine ideologischen Auseinandersetzungen einlässt, einschließlich religiöser.

Einsichtige Politiker wie Gerd Müller haben selbst bereits erste Zeichen in diese Richtung gesetzt: *„Jeder von uns ist im Grunde ein bisschen sozialdemokratisch, grün oder christlich-sozial. Da gibt es große Schnittmengen in den Parteien".*[309] Politik-

---

[309] U. Ruppel, CSU-Minister Gerd Müller: „Afrika ist unsere Chance, aber auch unser Schicksal",
BZ-Berlin, 21. Januar 2018.
https://www.bz-berlin.de/welt/csu-minister-gerd-mueller-afrika-ist-unsere-chance-aber-auch-unser-schicksal, abgefragt am 24.02.2018.

wissenschaftler wie Mounk pflichten auch bei, dass Einvernehmen zu den *fundamentalen Regeln und Normen"* für demokratische Politik essentiell ist,[310] womit nichts anderes gesagt ist, als dass zu den fundamentalen Fragen ohnehin Einigkeit bestehen sollte. Dabei handelt es sich um die Inhalte des Gemeinwohls laut Verfassung, die sich in einer Liste gemeinsamer Interessen ausdrücken lassen. Es bedarf also lediglich der Umsetzung immer schon bestehender Grundsätze: Einigung auf der Basis der Prinzipien der Reziprozität und Gleichwertigkeit anstelle von Abstimmung. Keine Gewinnler mehr, und vor allem: keine Verlierer, die zu Feinden werden. Einigung ist Ausdruck des Willens, in einer Gemeinschaft zusammen zu bleiben, als Gemeinde, als Volk, als Staat, im Gegensatz zum kalten Krieg der Parteien, diesem Stellvertreterkrieg zerstrittener Volksgruppen, die einander nur noch signalisieren: wir wissen nicht, ob wir mit euch überhaupt noch in ein und demselben Land und nach denselben Regeln leben wollen. Unwillige, faule Kompromisse nahe an einer Trennung sind der Beginn weiterschwelender Konflikte, die bei nächster Gelegenheit wieder ausbrechen. Daher fragt sich: warum nicht jetzt das System ändern? Um sich selbst vom Sinn dieser Entscheidung zu überzeugen, ist das beste, sich die Zahlen gegenwärtiger Wahlen anzusehen und die Frage zu stellen, was denn heute der Begriff „Mehrheit" überhaupt noch bedeute:

Was bedeutet denn heute überhaupt noch „Mehrheit"?

Dass es heute kaum noch deutliche Mehrheiten gibt, ist ein klares Signal, das offenbar niemand zur Kenntnis nehmen will. Keine wirkliche Mehrheit bedeutet schlichtweg, dass es mehrere oder viele bürgerliche Parteien mit nur geringem oder auf Teilinteressen von Wählern aufgeteilten Programmen gibt, die dann hilflos um Abgrenzungen ringen wie CDU und SPD in Deutschland, oder ebenso viele mehr oder weniger extreme Gruppierungen. 50.1% ist keine Mehrheit sondern ein abartiges Spiel, das allenfalls ganze Länder in der Mitte durchspaltet, wie in den USA und in Großbritannien geschehen, mit einem üblen Geruch von *"politischer Unrechtmäßigkeit und konstitutioneller Unmoral"*,* wie es Grayling [311] unter Verweis auf die britische Politik und auf den Polit-Philosophen John Stuart Mill ausdrückt: nur eine Zweidrittel- oder sogar eine 80%-Mehrheit als Mindestforderung sollte für ein Übergangsstadium bis zur neuen Entscheidungsform der Übereinkunft als vertretbar angesehen werden. Die Änderung in die hier vorgeschlagene Richtung einer Übereinkunft ohne vorherige Parteibildung zeichnet sich in mehreren Ländern schon von selbst ab: wenn 5-10 Parteien kandidieren, die jeweils nicht mehr als 10 bis 20 Prozent der Stimmen bekommen, dann bleibt keine andere Möglichkeit mehr als sich über eine Reihe von Parteien hinweg zu einigen, weil nur auf diese Weise eine Regierung zustandekommt. Was also kann man in dieser Situation noch von Wahlen erwarten? Es ist also mittlerweile die Entwicklung selbst, die in die hier vorgeschlagene Richtung weist: von vornherein Einigung zu finden und das sinnleere Parteiengeplänkel aufzugeben.

Letztlich wären ohnehin alle derzeitigen Parteien an einer Einigung bei grundlegenden Problemen interessiert, die alle Bürger gemeinsam betreffen. Viele Par-

---

[310] Y. Mounk, The People vs. Democracy. Why our freedom is in danger, and how to save it. Harvard Univ. Press 2018, S. 104.
[311] A.C. Grayling, Democracy and its crisis, Oneworld 2017, S. 167.

teien zu haben, die einander um der Systemstabilität willen möglichst ähnlich sind, ist keine neue Idee, wie man bei der Lektüre von Rousseau's Plädoyer gegen die Spaltung der Gesellschaft durch politische Parteien feststellt; eine Vielzahl von Parteien sei eine Absicherung gegen diese.[A67] Nehmen wir die Wasserversorgung der Bevölkerung als ein Beispiel für allgemeines Interesse: keine Partei kann daran interessiert sein, hierbei zu keiner Einigung für die Allgemeinheit zu kommen. Was aber ist der beste Weg zur vernünftigsten Lösung? Niemand wird bezweifeln, dass zuallererst die verfügbaren Optionen und die damit verbundenen Bedingungen für Alle erkennbar auf dem Tisch liegen müssen. Und niemand wird bestreiten, dass alle Entscheidungsträger zuerst die Fachleute zu Wort kommen und von ihnen die Evidenz prüfen lassen sollten.[312] Diese Fachleute können auch die Lösung mit der größten Erfolgsrate ermitteln, sobald eine Rangreihung der Prioritäten vorliegt. Letztere kann wiederum evidenzbasiert ermittelt werden, indem alle Beteiligten ihre Prioritätenranglisten vorlegen und Fachleute daraus eine Rangliste nach objektiven Kriterien erstellen. Die Verbindlichkeit dieser Rangliste von Entscheidungskriterien müsste einen fundamentalen Schritt in Richtung zur Objektivierung von Entscheidungen repräsentieren. Damit werden Einflüsse von Interessens- wie auch von Glaubensgruppen ausgeschlossen (man stelle sich eine Partei in Indien vor, deren Glaubensregel wäre, dass jeder Brunnen, aus dem eine Kuh getrunken hat, für Menschen künftighin verboten ist).

Auch Kriterien auf der Prioritätenliste wie Kosten und Umweltfaktoren, Beeinträchtigung des Privatbereichs von Bürgern und so fort, lassen sich weitgehend evidenzbasiert reihen. In manchen Fällen wird man dabei auf die ethischen Prinzipien laut Verfassung zurückgreifen müssen. Letztlich würde das oberste konstitutionelle Prinzip des Willens zum friedlichen Zusammenleben in diesem Staat dazu zwingen, zu einer fairen und zumindest für Alle akzeptablen Einigung zu kommen. Auf diesem Weg würden Regierungen schrittweise zu Verwaltungs- und Management-Einrichtungen für evidenzbasierte Entscheidungsprozesse und deren Umsetzung werden: Verwalten statt Regieren. Auf dieser Basis wäre auch eine neue, faire Form des Subsidiaritätsprinzips ohne das heute übliche Gerangel um Machtbereiche möglich [E31] – eben unter Beachtung der Evidenz und gegenseitiger Rücksichtnahme.

E37 Aggression und Macht

Aggressionsinstinkt oder -trieb und Machthunger

Von angeborenem Aggressionsinstinkt oder -trieb sprach bereits der Arzt und Psychologe Alfred Adler [313] (1870-1937) – zuerst Mitstreiter dann Konkurrent von Sigmund Freud. Allerdings erklärte Adler den Aggressionsinstinkt als einen Automatismus zur Kompensation eines angeborenen Gefühls von Minderwertigkeit (es ging als „Minderwertigkeitskomplex" in den umgangssprachlichen Wortschatz ein). Freud selbst ging ursprünglich von einem sekundären Phänomen aus, einer feindlichen, aggressiven Grundhaltung des Menschen, die aus dem Todestrieb (Thanatos) als Gegenpol zum Lebenstrieb (Libido) und dem daraus entspringenden Sexualtrieb

---

[312] L.M. Auer, Mensch und Demokratie. LIT-Verlag 2021, S. 305ff.
[313] A. Adler, Der Aggressionstrieb im Leben und in der Neurose, Fortschritte der Medizin 26, 1908, S. 577-584.

stamme, und erkannte Aggression erst in späteren Jahren als einen unabhängigen, „primären" Instinkt an.[N106] Canetti ging von einer anderen psychologischen Erklärung als Ursprung von Machthunger aus,[A105, E10] nämlich der Aneignung und Beherrschung durch physische Einverleibung, also Essen, und die Überwindung von Konkurrenten mit dem Ziel, der (einzige, alleinige) Überlebende zu sein. Freud ordnete dieses Verhalten von „sich Einverleiben" einer „oralen Phase" bzw. einem „oralen Typ" zu. Den biologischen Nachweis des Aggressionsinstinktes erbrachten der Mediziner und Biologe Konrad Lorenz (1903-1989) [314] und der Biologe Nikolaas Tinbergen (1907-1988), wobei Lorenz besonders betonte, dass es sich dabei nicht um einen „monokausalen" Instinkt handle, sondern dass er mit einer Vielzahl von Auslösern und Zielen verbunden ist, die allesamt keineswegs immer im Sinne unseres umgangssprachlichen Verständnisses von „Aggression" gemeint sind.[315] Dabei war vor allem der Hinweis entscheidend, dass Aggression ein Teil des Verhaltensmusters der Xenophobie (Fremdenscheu, auch Heterophobie, der Scheu vor Andersartigkeit im allgemeinen) [316] werden kann, wenn in einer Situation zu starker Annäherung reflexartige Abwehr einsetzt (alternativ könnte auch mit dem „Totstell-Reflex" reagiert oder die Annäherung auf der Basis von Freundschaft oder Partnerschaft zugelassen werden). Aggression als Teil dieser ambivalenten Xenophobie fehlt bei Freud; in seinem Konstrukt existiert nur die feindliche Abwehr eines Menschen durch den anderen, im Sinne des vielfach fehlzitierten Ausdrucks „homo homini lupus".[A332]

Dieses komplexe Instinktgeschehen wurde von seinen Schülern wie z.B. Irenäus Eibl-Eibesfeldt (1928-2018) weiter beforscht.[317, 318] Eibl-Eibesfeldt wies darauf hin, dass schon unsere Umgangssprache ausdrückt, wie sehr *„auch kulturschöpferische Leistungen von der Aggression gespeist werden"*, denn *„wir 'verbeißen' uns in Aufgaben, 'attackieren' Probleme und 'bewältigen' sie"*.[317, 318] Letztlich kritisierte er die Lehrmeinung einer ausschließlich erlernten Aggressivität unter Verweis auf die zuvor erwähnten Autoren und die ethologische Evidenz der angeborenen, instinktiven Natur dieser Abläufe: *„Jede Verharmlosung der Aggression unter Hinweis auf deren angebliche Gelerntheit ist angesichts der vorliegenden Evidenz in höchstem Grade unverantwortlich"*.[319]

Bei Tieren lässt sich die genetisch determinierte Anlage zweifelsfrei nachweisen, auch „Aggressionsappetenz".[320] Ursprünglich handelt es sich dabei um eine Reaktion auf einen bedrohlich wirkenden Reiz, der entweder Flucht oder Aggression auslöst. Die aggressive Reaktion wird bei Mensch und Tier ausgelöst durch Ausschüttung von Hormonen, z.B. des Stresshormons Adrenalin, das den Organismus augenblicklich in Abwehr- und Kampfbereitschaft versetzt: Pulsfrequenz, Blutdruck und Muskeltonus steigen innerhalb von Sekunden, das vegetative Nervensystem,

---

314 Konrad Lorenz, Das sogenannte Böse, DTV 1983 (1963), S. 154ff.
315 Konrad Lorenz, Vergleichende Verhaltensforschung, Springer 1978, S. 168.
316 L.M. Auer, Mensch und Demokratie. LIT-Verlag 2021, S. 72ff.
317 I. Eibl-Eibesfeldt, Liebe und Hass. Piper 1991 (1970), S. 97.
318 I. Eibl-Eibesfeldt, Die Biologie des menschlichen Verhaltens, Blank 2004 (Piper 1984), S. 525 und S. 535f.
319 I. Eibl-Eibesfeldt, Liebe und Hass. Piper 1991 (1970), S. 100.
320 ebd, S. 84f.

das sogenannte sympathische System, folgt zur Sicherung des erhöhten Energieverbrauchs. Dieser Erregungszustand hält wenigstens einige Minuten an, bis die in die Blutbahn ausgeschütteten Hormone wieder abgebaut sind. Auch das Sexualhormon Testosteron löst Aggressivität aus. Daraus lässt sich der Hinweis ableiten, dass Aggression nicht nur zur Abwehr von Gefahren dient, sondern auch zur Regelung des Interessenskonfliktes zwischen männlichen Konkurrenten zur Paarungszeit sowie auch der allgemeinen sozialen Rangreihung in der Horde oder Sippe.

Auch beim Menschen kann wegen der evolutionären Wurzeln zumindest ein Rudiment dieses Aggressionstriebes nicht gänzlich verneint werden.

Was die Rechtfertigung des Fortbestehens dieser tief verwurzelten Aggressivität anlangt, so sind wir zurück bei der zuvor beschriebenen Xenophobie, wie auch der Territorialität als Auslöser-Reize: wer dem Anderen zu nahe kommt oder erschrekkend fremd aussieht, wer den „privaten" Bereich, den Besitz, von Anderen betritt, löst Aggression als Abwehrreaktion aus.

Aggressionsappetenz in der Folge eines in der modernen Gesellschaft zunehmenden „Aggressions-Staues" [321] macht sich Luft in aktivem und passivem Sport, also Kampfsport oder Mannschaftsspielen in Sportstadien. Die evolutionären Wurzeln dieser Abwehrbereitschaft zeigen stolze Nationen noch heute mit ihren Wappentieren, Löwen, Bären, Adlern etc.

Menschliche Aggressivität als ausschließliche Folge von Frustration lässt sich einerseits nicht eindeutig beweisen; andererseits kann man Frustration als Auslöserreiz für Aggression verstehen und damit den diesbezüglichen akademischen Streit obsolet werden lassen, indem man klarstellt, dass Frustration nicht zum Erlernen von Aggressivität führt, sondern zum Auslösen dieses „angeborenen", tief im vegetativen und hormonellen System verankerten Verhaltensautomatismus (siehe z.B.[322]).

Für die Erziehung ergibt sich daraus die Konsequenz, dass Aggressivität trotz aller Bemühung bestehen bleibt; wie schon bei den vorher zitierten Urvölkern kulturell erwirkt, lässt sie sich durch Erziehung ablenken oder ableiten auf Ersatzhandlungen, durch „Neu-Orientierung" [323] bzw. buchstäblich durch „Objektivierung" [323] S.88 oder „Neutralisierung". Auch der von Freud als Gegenspieler einzusetzende „Eros" lässt sich hier nennen,[324] den man auch in der sublimierten Form gemeinsamer Interessen wiederfinden kann. Zu letzteren zählt ebenfalls die gemeinsame Identifizierung, wie sie innerhalb von kulturellen Einheiten entsteht, sei es als Gefühl der Gemeinsamkeit, sei es als Abgrenzung nach außen. Ebenso sind Reziprozität und reziproker Altruismus als opportunistische Lösung einer Konfliktsituation eine Möglichkeit.[323] Dass die Unterdrückung kollektiver Aggressivität von Völkern durch Herrschermacht [324] S.100 nicht fruchtet, zeigt sich an einer Reihe von Beispielen von Pogromen an Immigranten oder fremden Minoritäten trotz Strafandrohung durch Monarchen.[A59]

---

[321] Konrad Lorenz, Vergleichende Verhaltensforschung, Springer 1978, S. 105.

[322] L. Berkowitz, Roots of Aggression, Atherton Press 1969, zit. bei I. Eibl-Eibesfeldt, Liebe und Hass. Piper 1991 (1970), S. 98.

[323] L.M. Auer, Mensch und Demokratie. LIT-Verlag 2021, S. 271ff.

[324] I. Eibl-Eibesfeldt, Liebe und Hass. Piper 1991 (1970), S. 99.

Agenda 2030, 18
Aggression, 94, 114
Aggressionsappetenz, 115, 116
Aggressionsinstinkt, 114
Aggressionstrieb, 116
Allgemeiner Wille
    bei Rousseau, 23, 55
Altruismus, 80, 86
    reziproker, 12, 34, 54, 93, 96,
        116
Anti-Federalists, 13
Arabischer Frühling, 83
Asiatische Grippe, 89
Asylgesetz, 66
Asylsuchende, 67
Aufklärung, 30, 97
Autoaggression, 94
Autonomie, 96, 99
Autorität, 22
Böse
    das sogenannte, 94
brain drain, 60, 67
Brexit, 69
Brüderlichkeit, 109
Buddha, 77, 94
Buddhismus, 77, 86
Bürgerrechte, 96
Buße, 111
Chancengleichheit, 49
Chinas Traum, 61
CO2-Ausstoß, 16
common sense, 13, 26, 80
Condorcet' Theorem, 72, 76
Corona-Krise, 19, 58, 76, 89, 90
Cyber-Diebstal, 60
Deliberative Demokratie, 76, 79
Demokratie
    "totalitäre", 24
    Liberale, 61, 97
    repräsentative, 24
Demokratie-Theorien, 49
Desintegration
    der Gesellschaft, 47
Diktator
    demokratisch gewählter, 14
Diktatur
    der Justiz, 87

der Mehrheit, 112
Egoismus
    kollektiver, 42
Einsicht, 34, 42
Eliten-Theorie, 110
Empathie, 42, 99
Entscheidungstheorie
    normative, 110
Epistemologie
    Sozial-, 71
Epistokratie, 71, 72
    Volks-, 110, 112
Erbsünde
    genetische, 92
    kulturelle, 12, 92
Erkenntnisfähigkeit, 82
Erziehung, 11, 22, 36, 94, 107
Erziehungseinrichtungen, 105
Ethik, 11, 49, 94
    Nikomachische, 11
Ethologie, 46
Europäische Union, 112
Evolution
    biologische, 21, 81
    kulturelle, 42
faction, 13
Federalist papers, 12
Federalist-Papers, 13
Federalists, 12, 27, 52, 84, 109
Fischerei-Rechte, 58
Föderalismus, 53
Freier Wille, 35
Freiheit, 40, 50, 109
    als Naturrecht, 20
    negative, 97
    positive, 97
Gefängnisstrafe, 43
Gegenseitigkeit, 102
Gemeinschaftlichkeit, 11
Gemeinwohl, 49, 79
Gesellschaft, 40
Gesellschaftsstruktur, 57
Gesetz, 21, 54
Gleichheit, 19, 47, 55, 87, 107, 109
Gleichheitsrechte
    bürgerliche, 50
Gleichwertigkeit, 55, 96, 101

Global Ethic, 85
Glücksspielindustrie, 63
Goldene Regel, 55, 87, 94
Grausamkeit, 38
Grippe
    Asiatische, 89
    Hongkong-, 89
    Russische, 89
    Vogel-, 89
Grundvertrauen, 109
Gruppeninstinkt, 25
Hafenstrategien
    chinesische, 58
Handelsbilanz, 16
    pro-Kopf-, 16
Handelskrieg, 102
Hass, 46
Hedonismus, 82
    Sozial-, 86
Hierarchie, 20, 29, 39, 40, 46, 95, 100
    Sozial-, 96
Hirnfunktion, 27, 29, 30
Hong-Page Theorem, 72, 75
Hong-Page-Theorem, 72
HSBC, 59
Human-Ethologie, 26, 30
Humanität, 102
Identität
    Ich-, 23
    kulturelle, 70
Immigration, 69, 70
Importweltmeister, 16
Individualismus, 106
Individuum, 40
Industriespionage, 60
Interessensgruppenpluralismus, 65
Islam, 58, 84, 85, 94
Jacksonian democracy, 14
Jeffersonian democracy, 14
Jugendjustiz, 93
Justiz
    Kinder-, 93
kalter Krieg der Parteien, 79
Kapitalismus, 57, 102
    autoritärer, 61
    Raub-, 64

Kategorischer Imperativ, 35, 43, 53, 55,
    108
Kinderjustiz, 93
Klassenkampf, 29
Kollektivismus, 106
Kolonialmächte, 61
Kommunismus, 23, 85, 98
Konfuzianismus, 86
Konfuzius-Institute, 60
Konkurrenz, 26, 47, 100, 101, 102
Konkurrenzkampf, 102
Konkurrenz-Rückkoppelungstheorie,
    110
Konsensus-Demokratie, 52
Korruption, 57
Kultivierung, 42
Kultur, 29, 44, 74, 77, 86, 105
Kulturbegriff, 41
Kulturoffensive
    Singapur-, 106
Leviathan, 30
Lustprinzip, 88
Macht, 36
Machtkrankheit, 38
Machtmissbrauch, 20, 39
Manipulation, 52, 56, 57, 68, 69
    mediale, 68
Marktwirtschaft, 103
Masse, 25, 36, 74
    Volks-, 56
Massenmigration, 69
Massenvernichtungswaffen, 95
Medien, 68
Mediokratie, 73, 78, 86, 88, 105
Mehrheitsmeinung, 70
Mehrheitsregel, 47
Menschenrechte, 61, 95
Menschenwürde, 96, 97
Menschwerdung, 11
Migrationskrise, 66
    2015, 69
Militärstrategie
    chinesische, 62
Minderheit, 24, 42
Moral, 20, 36, 53, 101
Mosaische Religionen, 83
Mutation

künstliche, 45
Mutter-Kind Beziehung, 45
Naturgesetz, 44
    natural law, 19
Naturrecht, 20
Naturzustand, 30
Neo-Liberalismus, 61
Neo-Nationalismus, 61, 70
Neo-Pluralismus, 50
Nervensystem
    Vegetatives, 115
    Vegetatives (autonomes), 30
    Zentral-, 30
Neue Aufklärung, 64
Neue Seidenstraße, 59
Neu-Orientierung, 116
    intelligente, 12, 93, 95
    Intelligente, 39, 111
Nützlichkeit, 99
Ökolokratie, 18
Ökonokratie, 19, 103
Ökonomische Theorie, 101
Oligarchie
    verdeckte, 65
Pandemie, 58, 76, 89, 91
Paranoia, 36
Partikularinteressen, 49
Patriotismus, 70
Paulus
    Hl., 92
Pflegetrieb, 82
Phylogenese, 108
Polarisierung, 48, 84
Politische Korrektheit, 52, 95
Polyarchie, 110
Postdemokratie, 52
Pressefreiheit, 61, 68
prisoner's dilemma, 105
Pro-Kopf CO_2-Bilanz, 18
Pro-Kopf Handelsbilanz, 16
Pro-Kopf Umweltverschmutzung, 16
Pro-Kopf-Verbrauch, 16
Psychopathologie, 36
Rache, 43
Rache-Justiz, 111
Rassismus, 51, 70
Rechtsprechung, 72

Rechtsstaatlichkeit, 61, 66, 103
Resozialisierung, 43
Ressourcen, 19, 35
Reziproker Altruismus, 12, 34, 54, 116
Reziprozität, 12, 23, 41, 42, 55, 81, 102,
    107, 109, 112, 113, 116
Sachpolitik, 112
Schadstoffemission, 16
Schuld, 26, 92
Selbstbeschränkung, 42, 97
Selbstbestimmtheit, 34, 112
Selbstbewusstheit, 80
Selbsterkenntnis, 81
Selbstkontrolle, 34
Selbstlegitimierung, 24
Selbstvernichtung, 64, 81
Selbstverwaltung, 47, 99
Selbstverwirklichung, 84
Selbstwertgefühl, 33
Selbstzerstörung, 70, 84
Selbstzweck, 35, 63, 100
Shanghaier Organisation
    für Zusammenarbeit, 59
social divide, 48
Soziale Schere, 48, 95
Sozial-Engineering, 87
Sozial-Epistemologie, 25, 71, 72, 73
    der Moral, 77
    der Wissenschaft, 75
    für Demokratie, 73
Sozial-Hedonismus, 86
Sozialhierarchie, 96
Sozialisation, 11
Sozialkontrakt, 20, 21, 22, 24, 35, 41, 52,
    101, 108, 109
Sozialmoral, 105
Sozialverhalten
    archaisches, 21
Sozialwahltheorie, 9, 24, 71
Spontanverhalten, 33
Spracherwerb, 11
Staat
    idealer, 83
Staatskapitalismus, 62
state of nature, 20
Statusordnung, 96
Stellvertreterkrieg, 113

Strafandrohung, 104, 116
Subsidiarität, 99
Technokratie, 19
Technokratisches Paradigma, 63
Territorialität, 23
Terror
    islamistischer, 37
Timokratie, 12
Todesstrafe, 20, 36
Toleranz-Paradox, 56
Tribalismus, 29
Triebleben, 41
Triebsublimierung, 41
Triebverzicht, 41, 42
Überzeugtheitssyndrom, 28
Umweltkrise, 15, 17, 58, 90, 91
Umweltsünder, 16
Umweltverpestung, 17
unbelehrbare Lehrmeister, 26, 27, 31,
    73, 75
Unbelehrbare Lehrmeister, 26
Unitarismus, 53
Unmündigkeit, 97
Unterdrückung, 42, 94, 97, 116
    religiöse, 93
Ur-Misstrauen, 46
Ur-Vertrauen, 36, 45, 46
Verhalten, 30
    Spontan-, 33
Verhaltensnormen, 88
Verlassenheits-Syndrom, 46
Vernachlässigung, 46, 94
Vertrauen, 39
    Grund-, 109
Volks-Epistokratie, 110, 112
Volksmasse, 57, 69, 75, 94, 97
Volkswille, 49
Wahrheitsfindung
    truth tracking, 25
Welterlöser
    als Weltherrscher, 38
Wertkodex, 51
Wirtschaftswachstum, 101
Wissensvermittlung, 11
Xenophobie, 23, 41, 46, 115
Zehn Gebote, 85
Zeitgeist, 38, 52

Zentralnervensystem, 30
Zivilgesellschaft, 15, 61, 69, 100
Zivilisation, 44

BoD 2018, ISBN 978-3-752-88751-8

Modern liberal democracy is praised in a universalistic Western view as the best political system and a quasi-prerequisite for full acceptance by the community of traditional hegemonial States. However, democracy is fully developed in only less than five percent of States globally, and in decline in most Western countries. In this book, democracy is presented as a political system in danger due to its intrinsic flaws and tendency to self-destruction. The major flaw is that "human nature" is not adequately considered in democracy's conception: its citizens, "We, the people", as individuals and as crowds, are liberated into a dangerous ideology prioritizing "freedom *from* society" over "membership *in* society" and thereby causing decline in libertinism, hedonism and polarization in divided and finally broken societies.

Proposals to resolve the rapidly growing crisis include education of citizens into the ethics of reciprocal altruism, grounded in evidence from biological sciences and humanities, professio-nalization of politics, and a fundamental change of politics towards evidence-based decision-making, thus ending politicking, politicians' personality affairs, and the cold war of political parties, the representative of class warfare in the sheep-skin of "interest-group pluralism".

LIT Verlag 2021, ISBN 978-3-643-92369-2, www.lit-verlag.ch

Der Autor identifiziert intrinsische Schwächen liberaler Demokratie als Ursache für ihre drohende Kurzlebigkeit und begründet diese auch aus der Perspektive der menschlichen Natur. Er kritisiert polit-philosophische Aspekte, vor allem soweit sie Individualismus bis zum Sozial-Hedonismus folgen. Er bezweifelt, dass diese Demokratie durch Reparatur an formalen Details nachhaltig bleiben kann, und argumentiert, dass ihr ethisches Fundament in einer neuen, diesmal tatsächlich durchgreifenden Aufklärung erneuert und durch Erziehung gefestigt werden müsste. Er weist auf Anzeichen, dass die Zeit für den Beginn einer Wende rasch zur Neige geht, und appelliert an die Einsicht, dass Demokratie diesmal auch ihrem globalen ethischen Anspruch gerecht werden sollte. Er appelliert, die weitere Entwicklung nicht in Trägheit der Macht des Schicksals über Krieg und Frieden zu überlassen, sondern sich um die Verwirklichung einer Neuen Demokratie zu bemühen: evidenzbasierte Politik unter Teilnahme aller Bürger, eine „Volks-Epistokratie" mit dem säkularen Kern der „Goldenen Regel" aller großen Welt-Religionen als gemeinsamer ethischer Basis, mit reziprokem Altruismus und Subsidiarität.

BoD 2021, ISBN 978-3-753-40223-9
Dieser Ergänzungsband beinhaltet 37 Kommentare zu Themen im Buch "Mensch und Demokratie", z.B. zum Konflikt zwischen Individuum und Gesellschaft; zur Position von uns Einzelnen in der liberalen Demokratie; zu Demokratie-Theorien und ihrer politischen Philosophie; zum Verhältnis zwischen Großmächten wie USA und China zur Demokratie und ihren Werten; zur fraglichen Langlebigkeit von Demokratie aufgrund ihrer intrinsischen Schwächen; zur Bedeutung von Ethik und Erziehung als Überlebensstrategie für Demokratie; zu Strategien gegen Machtmissbrauch; zum Vorschlag einer neuen Form direkter Demokratie, einer "Volks-Epistokratie" mit der Möglichkeit zur Beteiligung aller Bürger an evidenzbasierten politischen Entscheidungen.

Europa – Wunsch, Wahn und Wirklichkeit.

Band 1: Zur Geschichte von Migration und Kultur.

LIT Verlag 2020, ISBN 978-3-643-91323-4, www.lit-verlag.ch
Dieses Buch ist der erste Teil einer Trilogie zur Geschichte, gegenwärtigen Krise und den Perspektiven Europas und seiner Union. Im Vordergrund stehen die Geschichte der Entstehung und Entwicklung des Kulturkreises und die Bedeutung der Migration von Menschen sowie deren Wissen und Krankheiten für diese kulturelle Evolution. Diese Geschichte beginnt mit den Neandertalern und endet mit den Massenmigrationen zu Ende des Zweiten Weltkrieges.

Die Einzigartigkeit dieser Kulturgeschichte weist auf die Zukunft Europas als soziokulturelles und politisches Modell für die Welt – als Verheißung, aber auch als Aufgabe.

Europa – Wunsch, Wahn und Wirklichkeit.
Band 2: Europas Gegenwart: Hoffnungen und Grenzen.

LIT Verlag 2021, ISBN 978-3-643-91460-6, www.lit-verlag.ch
Bei diesem zweiten Band der Trilogie zur Geschichte, Gegenwart und Zukunft Europas und seiner Union stehen drei Themen im Vordergrund: Zuerst die Diskussion um Substanz oder Verlust einer kulturellen und der politischen Identität Europas. Danach folgt eine Erörterung der Struktur und Funktion der Europäischen Union und ihrer konstanten Krisensituation. Dieser zweite Teil leitet über zu einer gesonderten Diskussion der zentralen Krise des letzten Jahrzehnts: der Migration und ihrer Folgen. Dem Islam in Europa ist hierzu ein eigenes Kapitel gewidmet.

Europa – Wunsch, Wahn und Wirklichkeit.

Band 3: Europas Gesellschaft der Zukunft: Modell für die Welt?

LIT Verlag 2022, ISBN 978-3-643-15233-6 www.lit-verlag.ch

In Band 3 dieser Trilogie finden sich Vorschläge und Pläne zur Zukunft Europas gesammelt und diskutiert, resultierend im Schluss, dass die EU nur besteht, wenn man sich auf gemeinsame Einrichtungen und Maßnahmen einigt, darunter kurz- und mitelfristig eine Defensivarmee mit zivilen Hilfs- und Asyleinrichtungen vorort; weiter verstärkte Kooperation mit Ländern in Entwicklung; Projekte für umweltfreundliche und re-autonomisierende Industrie und Wirtschaft; neue Koexistenz mit Russland. Eine langfristige Perspektive für Europas Fortbestehen als autonome Großmacht sieht der Autor nur nach tiefgreifendem sozialen Wandel mit gemeinsamer Ethik der Nationen und Gruppen, auch der islamischen, verwirklicht in Neuer Aufklärung für Neue, direkte Demokratie, die Europas Union zum Vorbild für die Welt, und mit anderen Ländern guten Willens zur Friedensmacht werden lässt.

BoD 2021, ISBN 978-3-753-40223-9

Bei jährlich über 3 Milliarden Passagieren interessiert und betrifft Flugsicherheit so viele Menschen wie nur wenige andere Lebensbereiche. Dank technischen Fortschritts ist Fliegen heute eine sichere Fortbewegungsart für nahezu jedermann – undenkbar vor 100 Jahren. Im Thema „Flugsicherheit" spiegeln sich aber allgemeine Probleme der Gegenwart: Sicherheit wird angestrebt durch Technik, Management und Gesetze. Diese Bemühungen werden kompliziert durch Konflikte: Automatisierung zum Schutz gegen menschliche Fehleranfälligkeit schafft das Problem der Priorität Mensch-Maschine. Technische Einrichtungen werden für zwischenmenschliche Konflikte missbraucht: Sicherheit und Kriminalität (Terror) verfolgen einander in einer Spirale, Sicherheitseinrichtungen werden umgangen oder selbst zum Sicherheitsproblem. Technik entführt den Menschen immer weiter weg von seinen Wurzeln; das schafft Angst. Und schließlich durchdringt Technik die Bevölkerung der Erde ohne Rücksicht auf deren zivilisatorischen und kulturellen Stand, schwierige Voraussetzung für einheitliche Sicherheitsstandards. Touristen und Geschäftsleute fliegen heute jedoch in jeden Winkel der Welt in der Erwartung globalisierter Sicherheitsstandards. Dieser Erwartung stehen Nachrichten und oft unsachlich diskutierte Details über jeden einzelnen Flugunfall gegenüber; sie erzeugen Unsichereit und Angst. Leben der Passagiere ab. Insbesondere seit dem Absturz des Germanwings Airbus 2015 stehen Flugmedizin und –psychologie auf dem Prüfstand, auch Datenschutz und Sicherheits-Management. Was aber tun Behörden und Justiz zum Schutz der Passagiere wirklich?

FSC
www.fsc.org
MIX
Papier aus ver-
antwortungsvollen
Quellen
Paper from
responsible sources
FSC® C105338